※ 江苏省“十三五”规划课题

※ 从本色出发，成就彩色儿童——幼儿园全景式“美的教育”实践研究

幼儿园全景式“美的教育”工作指引

主　编　潘云霞

副主编　汪文雅　束云霞　张素英

河海大学出版社
HOHAI UNIVERSITY PRESS

·南京·

图书在版编目（CIP）数据

幼儿园全景式“美的教育”工作指引 / 潘云霞主编；
汪文雅，束云霞，张素英副主编．-- 南京 ：河海大学出
版社，2023.7

ISBN 978-7-5630-8266-7

Ⅰ．①幼… Ⅱ．①潘… ②汪… ③束… ④张… Ⅲ．
①学前教育－教学参考资料 Ⅳ．①G613

中国国家版本馆 CIP 数据核字（2023）第 122587 号

书　　名 幼儿园全景式“美的教育”工作指引
YOU’ ERYUAN QUANJINGSHI “MEI DE JIAOYU” GONGZUO ZHIYIN
书　　号 ISBN 978-7-5630-8266-7
责任编辑 杜文渊
特约校对 李　浪　杜彩平
装帧设计 秦永诚
出版发行 河海大学出版社
地　　址 南京市西康路 1 号 （邮编：210098）
网　　址 http://www.hhup.com
电　　话 025-83737852（总编室） 025-83722833（营销部）
经　　销 江苏省新华发行集团有限公司
排　　版 南京布克文化发展有限公司
印　　刷 广东虎彩云印刷有限公司
开　　本 787 mm×1092 mm 1/16
印　　张 14.25
字　　数 210 千字
版　　次 2023 年 7 月第 1 版
印　　次 2023 年 7 月第 1 次印刷
定　　价 87.90 元

编委会

主　　编：潘云霞

副 主 编：汪文雅　束云霞　张素英

编委会人员（按姓氏笔画排序）：

杨丹琴　朱丽娟　汪文雅　束云霞、张素英

张　涵　杜　萍　金亚云　单方为　贺　婷

胡　潇　夏　莉　虞惠芳　潘云霞

序

与孩子一起过美好的生活

审美活动是人类精神生命自由的活动形式。席勒早就定论，正是通过美，人们才可以走向自由。因此，审美的生活其本质首先是自由的生活。在审美活动中，人的“自由自觉”的本质力量得到最具体的显现。人摆脱了现实种种功利目的羁绊，流连陶醉于审美这块精神的“绿洲”和“桃源”。作为审美主体的人，在审美世界中重新恢复了在现实中被异化了的人的尊严，重新获得了自我意识；审美意识作为最高价值的创造力量，在现实中只有审美“这一刻”能够突破意识的束缚，把被现实意识系统打入无意识领域的人的最高欲望和最强的心理能量解放出来，加以升华、加以净化，从而导致审美主体欲望的最大满足和最大的精神快乐。只有这样，人才会有勇气面对着没有诗意的冷酷现实生活并激扬起改造它、把人的本质力量投射在审美的光辉里的心理动力。正是这种带有超现实的惊心动魄的审美情感的力量，使得作为审美主体的人忘却了有限的生命和在宇宙中的渺小位置而体验到超时空的自由感，一种对无限与永恒的意识，一种对奔腾不息的生命之流的本质的把握。也只有在审美中，人才能通过对“对象化”了的人的本质力量进行关照而发现自我、肯定自我、欣赏自我，达到暂时的自由的审美的精神享受和暂时的自我实现时的片刻“高峰体验”。“神游六合，精骛八极”，“观古今于须臾，抚四海于一瞬”。庄子在他绚丽的想象中也描绘过这种“逍遥游”的极乐境界。德国美学家玛克斯·德索强调：“审美需要强烈得几乎遍布一切人类活动。我们不仅力争在可能范围内得到审美愉快的最大强度，而且还将审美考虑愈加广泛地运用到实际事务的处理中去。”[①] 人类发展的终极和完美的目标，

① 玛克斯·德索．美学与艺术理论 [M]. 兰金仁，译．北京：中国社会科学出版社，1987：53.

也正是要回到自由的审美的精神生活主导一切、支配一切的状态。海德格尔则要求“人诗意地栖居在大地上”。从这个意义上说，审美既有经验性又有超验性；审美的人生既是现实的人生又是艺术的人生。

对于儿童而言，审美是他们的精神生活的表现，是他们感性地认识世界的方式，在其中，儿童通过与审美对象的对话交往，创造一个属于自己的意义世界。儿童的这种审美活动是一种身心整合的反应模式，在这种反应模式中，儿童与对象融为一体，充分运用了自己各种潜在的和现实的能力，使自己处于主动创造的中心。他体验到自己的自发性、纯粹性、唯一性等更多的属于人的东西。儿童在审美活动中获得的审美体验，是和永恒的人类生命本性紧密联系在一起的。挪威音乐学家让－罗尔·布约克沃尔德认为：“人类的每一个成员都与生俱来地有一种伟大的创造性力量——有着本能的缪斯。本能的缪斯是人类获取语言和文化内部规则的钥匙，是在无数咄咄逼人的负责情势中对生活进行探索的导引。”“这种作用不仅与教育和学习相连，而且作为一种基础性的生命力量，出现在从新生儿第一次与母亲相嬉戏的声音到暮年时分人生的最后阶段。”[①]

丹北实验幼儿园就是秉承这样的理念，希望与儿童一起过美好的生活，他们努力在情感维度上创设充满温馨与爱的心理环境；在空间维度上创设一个个充满美的物理环境，无论是室内各个区角，还是室外的花园，抑或儿童开展体育锻炼的场所，均渗透着美的元素；在时间维度上让儿童从入园环节、分组游戏、晨圈活动、点心时间、游戏分享、过渡环节、午餐时间、散步时光、午睡、小组活动、集体活动到最后的离园环节，一日生活均浸润在美的体验中，让儿童自由地去体验春意、夏语、秋色和冬韵，倡导从本色出发，成就彩色儿童的全景式的美的教育。在丹北实验幼儿园，到处充满着大自然的美、生活的美和艺术的美，即“用美包围儿童”，既自然又体现出秩序感。卢梭在《爱弥儿》中曾用浪漫的笔触描绘道：“如果一个人从未在干燥的原野上跑过，而他的脚也没有被灼热的沙砾烫过，如果他从未领受过太阳从岩石上所反射出的闷人的热气，他怎能领略那美丽的清晨的新鲜空气呢？花儿的香、叶儿的美、露珠的湿润，在草地上软绵绵地行走，所有这些，怎能使他的感官感到畅快呢？如果他还没有经历过美妙的爱情和享乐，鸟儿的歌唱又怎能使他陶醉呢？如果他的想象力还不能给他描绘那一天的快乐，他又怎能带着欢乐的心情去观看那极其美丽的一天的诞生呢？最后，如果他还不知道是谁的手给自然加上了这样的装饰，他又怎能欣赏自然的情景的美呢？”[②] 经过对大自然、人类生活和艺术中无数重复的、变化的、运动模式和优美的、

---

① 让－罗尔·布约克沃尔德．本能的缪斯 [M]. 王毅，孙小鸿，李明兰，译．上海：上海人民出版社，1997.

② 卢梭．爱弥儿 [M]. 李平沤，译．北京：商务印书馆，1996：218.

秩序的、和谐的陶冶和熏陶，通过外物与内心之间的无数次的相互作用，种种生命的运动模式与种种复杂的人类内在情感体验之间的一一对应便会在感知中变得稳定、持久和巩固。在这种情况下，一旦特定的外在形式落在视野之内，儿童便会通过审美知觉自然地选择和筛选，与特定的内心情感模式联系起来，引起某种特定的感受，使儿童的感知觉更加敏锐，表象更加鲜明，想象更加丰富，创造更加独特。对美的敏感性也由此产生。美国当代教育哲学家玛克辛·格林也说，审美可以促进人的感知力与觉察力的提升，通过想象力的释放以及反思与实践实现个人经验的重构，最终达到“全面觉醒，即完整的身心合一的人的觉醒”。

因此，儿童教育就不仅仅是一种手段性教育，不仅仅是用科学技术与技能、社会生活知识与规范等来训练儿童，使他们掌握改造世界的必要工具和适应生活的本领；儿童教育更重要的是一种目的性的教育，要使儿童在以审美活动为代表的各种人生经验中，逐渐养成良好的人格素质，使他们在肉体与精神、感觉与意味的协调平衡中健康成长。丹北实验幼儿园开始了他们的尝试，为我们提供了一种儿童教育的新模式，我们期待他们有更深入的探索与成果。

南京师范大学　孔起英
于 2023 年盛夏

自序

我一直有一个幼儿教育的梦想，做一种美美的、慢慢的幼儿教育。在一个有花有草有山坡有流水的小院里，安然而宁静地过好每一天的日子。春意夏语秋色冬韵，一天两线三餐四季，俯拾仰望，皆是课程。穿梭在阳光青草之间，莺飞绿柳绵长，秋波红叶摇曳，随手拈来，皆为教育。而这每一天美好的日子，伴随着我们的教师和孩子，笑着，跑着，陪伴着，自由自在，不慌不忙，慢慢悠悠，如一幅绵延的画卷般缓缓舒展。

2019 年 8 月，我刚刚到丹北实验幼儿园任职，就希望把这所幼儿园办成一个“美的园所”，做一种“有生命力的教育”，为此我们申报了江苏省“十三五”规划课题“从本色出发，成就彩色儿童——幼儿园全景式‘美的教育’实践研究”。在这个课题里，我提出了创设美的教育环境、构建美的一日生活、打造美的师资队伍……

要做的事很多，却独独没有课程。

而所谓没有课程，指的是不要刻意编造课程。

特级教师李镇西曾说过他想办一所没有特色的学校。没有特色，就是教师安安静静地和学生在一起，备好每一节课、上好每一节课，关注每一个孩子的成长。

而在幼儿园里，我更希望寻找一种场景“层层上色”的方法；追求内外部空间情景式生长的美好联结；倡导以更开放、更包容的“美好关系”展开教研、实践和协同；我们期待“心”与“场景”的奇妙“化学反应”，每个人都能够被美浸润和感召，从而自主发展、忘我成长、精神饱满……

所以，在我的幼儿园，在实践刚刚起步的时候，不敢妄谈课程。而没有课程会怎么样呢？《幼儿园工作规程》（下称《规程》）里说幼儿园的任务就是要“贯彻国家的教育方针，按照保育与教育相结合的原则，遵循幼儿身心发展特点和规律，实施德、智、体、美等方面全面发展的教育，促进幼儿身心和谐发展”[①]。《幼儿园教育指导纲要（试行）》（下称《纲要》）里说“幼儿园应为幼儿提供健康、丰富的生活和活动环境，满足他们多方面发展的需要，使他们在快乐的童年生活中获得有益于身心发展的经验”[②]。

我们就是单纯地按照《规程》、按照《纲要》和《3~6岁儿童学习与发展指南》（下称《指南》），遵循儿童的生长规律和特点，追随着儿童的兴趣和需要，创设适宜的环境，提供适宜的材料和支持策略，在一天的时间里，安静地陪伴着儿童。行不行呢？

这样的课程是一种生活方式，是基于儿童的生活而形成的。我们当然也有目标，3~6岁各年龄段的孩子在不同时期应该知道什么、能做什么、大致达到什么发展水平，这些在《指南》中都是有依据的。我们要做的就是把这些目标分化到每一天的生活中、游戏中、活动中，有计划、有目的，但又尊重、接纳幼儿的兴趣，有效地支持和促进幼儿的发展。

幼儿园发展下去最终一定会形成其独有的课程，而且我相信，这样的课程更具特色、更具生命力。

这样的最终结果是不是与我开篇提出的“没有课程的幼儿园”相违背呢？不，一点不违背。不要急于去架构课程，不要急于无中生有地编课程，不要急于呈现自己的东西。因为课程是生长出来的，没有时间、没有积淀，即使是生长出来也是拔苗助长。

所以，我们首先要去做，做的时候不要想“课程”，而只是单纯地做该做的事、正确的事。于是，在做的过程中，“课程”就会在某一个时间点与你相遇。

如今，课题快要结题了，而就在我写下这段文字的时候，我感觉课程正在慢慢向我们走来。它走得很慢，整整走了三年时间。这三年，每到暑假，我都会把前一年的稿子找出来，组织老师细细地梳理，把我们做过的事一点一点地填充进去。于是，从一开始只有一个雏形，到慢慢地有了框架、有了血肉、有了经络，它开始慢慢地站起来、慢慢地动起来、慢慢地走过来。当然，我还不能肯定地说，它已经走到我们面前，只能说，我已经能够听到它的呼吸、感受到它的温度。

而这一切，是从我们的老师——那一群年轻的、大部分工作时间不到5年的老师——与孩子每一天、每一分的陪伴中，从生活的经历中，不断地记载又不断地生长出来的。

我的教育幸福，皆因与他们相遇，与儿童相遇，与自己相遇。

潘云霞

2022年8月7日

---

① 中华人民共和国教育部. 幼儿园工作规程，2016.

② 中华人民共和国教育部. 幼儿园教育指导纲要，2001.

目录

第一章　从本色出发，成就彩色儿童

——幼儿园全景式“美的教育”实践研究

潘云霞

一、研究起源

“兴于诗，立于礼，成于乐”，中华民族自古以来重视美的教育对人和社会发展的重要意义。进入新时代，习近平同志从培养德智体美劳全面发展的社会主义建设者和接班人的高度，明确提出要全面加强和改进学校美育，遵循美育的特点，弘扬中华美育精神，让祖国青年一代身心都健康成长。

同时，幼儿园《指南》中也提及：“我们应该在大自然和社会文化生活中萌发幼儿对美的感受和体验，引导幼儿学会用心灵去感受美和发现美，用自己的方式去表现和创造美。”

我园长期坚持将“美育”放在幼儿发展的首位，逐步确立将“以美育人”为突破口，通过打造蕴含教育智慧的、富有体验的、美的环境，尊重儿童自我生长的节律，赋予幼儿更多直接感知、实际操作、亲身体验的机会，使幼儿拥有更多元的、更个性化的表达方式，致力于为幼儿的成长研制一份有着丰富元素和多维“养分”的“营养配方”。

二、研究过程

（一）理论学习，提炼全景式“美的教育”特征要素

课题小组带领全体教师认真组织学习《美育与当代儿童发展》《美育论》《美育十五讲》《陶行知文集》等美育相关文集，同时也阅读了《0—8岁儿童学习环境创设》《选择时间》等一系列幼儿园环境创设专业书籍，在实践研究的基础上，经过3年的时间，梳理并提炼以下幼儿园全景式“美的教育”包含的特征要素。

1. 全景式“美的教育”全面性要素。美的教育是一种不受时间、不受地点限制的、时时处处都可发生的活动。幼儿园美的教育体现在幼儿园的方方面面，从活动地点来分，室内或室外均可开展。从幼儿园一日活动组织的内容来分，在生活活动、游戏活动、学习活动中均涉及相关内容。从活动的参与者来分，有个体独自的探索活动，有教师指导的活动，有与同伴相互合作相互影响的活动，也有与家长共同参与的活动。因此，全景式“美的教育”具有一种全面性的特征。

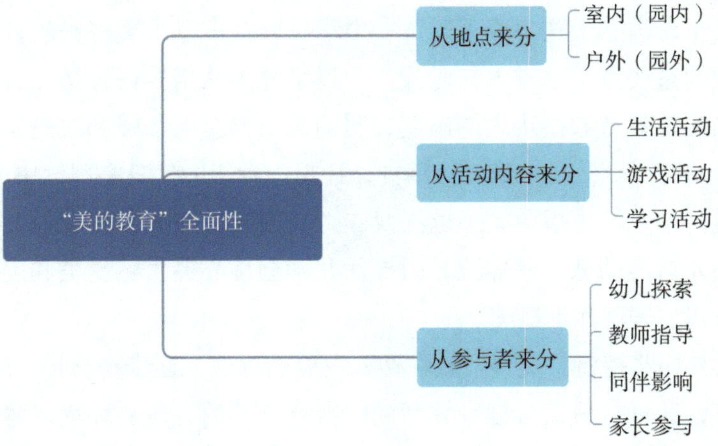

2. 全景式“美的教育”情境性要素。幼儿对美的感受不是凭空臆造的，需要借助和依托具体的环境和生活内容。幼儿的真实反映，是对真实生活和自然环境的理解、认识和表达，是在审美过程中产生的感受、体验与情感，

体现了一种情境性特征。例如，春夏秋冬的四季景色变化、清晨的霜、傍晚的斜阳，“落叶的故事”、“一园蔬菜”的绘本、“杨柳青”的乐曲。可以说，没有真实的活动内容，没有真实的自然环境，就不会产生真正美的教育。

3. 全景式“美的教育”渗透性要素。幼儿园美的教育具有一种缓慢的渗透性，是通过生活和环境中的点点滴滴，慢慢让幼儿感受和学习的。例如，对一片叶子的欣赏，春天的大树慢慢地发芽，幼儿会对发芽的现象每天进行观察和记录，并感受叶子从一簇小芽到成片叶子的变化，从“嫩黄”到“嫩绿”，从“翠绿”到“深绿”，从“小”到“大”，从“毛茸茸”到“光滑透亮”。如果没有这种长期的、渗透的、潜移默化的感受与欣赏，幼儿就无法形成正确的审美经验与审美情趣。

4. 全景式“美的教育”体验性要素。幼儿具有独特的学习方式和特点，他们的学习是以直接经验为基础，调动自己的全部感官，通过看、闻、摸、嗅、尝等方式，在直接感知、实际操作、亲身体验中获得经验与发展的。因此，幼儿园里美的教育还带有一种实操的特征，是幼儿体验、感知的过程。也正是因为有这样的学习方式，幼儿的表达和创造才是具有个性化的、独一无二的、带有鲜明的自我特征的。

（二）基于需要，推动全时空“美的教育”资源建设

幼儿园的资源应是丰富多样的，应能够吸引孩子专注地投入活动，激发和提升他们的兴趣，满足他们的需要，从而使他们获得更多新的经验。全时空“美的教育”离不开对资源的开发利用。

我们基于以下条件进行资源的甄选：

1. 美的感受。每个幼儿心里都有一颗美的种子。幼儿园里自然流动变幻的景色，幼儿在生活中对规则、秩序的认知、对美的感知，都能够丰富其想象力和创造力，形成对周围世界的独特认识和情绪、态度。因此，资源需要带给幼儿美的感受。

2. 探究的机会。资源是要能给幼儿带来探究机会，进行实验、操作、创造和了解自然界的，例如有可供运动冒险的、可供探秘的、阅读的、可供聆听的、可供讲述的、可供参与的场所等。给幼儿的资源是幼儿可以自我掌控的、自主选择的，是能够让幼儿感受到自己是有能力、受到尊重的。

3. 表达的自由。资源要能用来让幼儿自由表征、创造、表达、表现。“儿童有一百种语言，一百双手，一百个想法，一百种思考、游戏、说话的方式。”成人应该相信他们的能力，支持他们，挖掘他们的潜能，选择和使用适宜的资源，包容、悦纳每一个幼儿的自由表达，鼓励、引导幼儿尝试用自己的方式进行多元化的表达。

在研究的过程中，基于以上甄选原则，我园梳理和归类了以下资源，并建立了电子资源库和实物资源库。

（1）空间资源

空间环境资源开发应具有动态性和灵活性的特点，适时、动态地对幼儿生活游戏的空间环境进行改造、调整和利用。可从室内环境到室外环境，从园内环境到园外环境，从显性环境到隐性环境等方面来创设适宜的、具有美感的空间。

空间资源类别	室内空间	户外空间	社区空间
大空间	教室、走廊、楼梯、大厅、场馆	南操场、中操场、东操场	3公里范围的工厂、小区、公园
具体内容	阅读区、美术区、数学区、角色区、音乐区、科学区、生活区、四季桌、节气厅、作品展示区、光影畅想馆、绘本阅读馆、自然美术馆、小小木工馆	水上探险区、索道穿越区、沙水探秘区、自然阅读区、石头创想区、白沙创意区、自主骑行区、四季种植区、运动挑战区	天工广场、前巷新村、超市、医院、电影院、菜场、朱子馆

（2）物质资源

室内户外各区域的游戏材料梳理，包括材料的陈列方式等，做到安全、自然、真实、富有教育价值、能提供给幼儿学习的机会。以美术区的资源建设为例，我们针对美术活动的类别，梳理了对应的发展目标，并基于目标整理了基础材料名称，方便教师在准备材料时能很快找到，节省时间，使资源材料具有目标性。另外，我们还对材料的使用进行了说明，让资料更有指导意义。

以美术区为例：

序号	类 别	对应发展目标	基础材料名称（标注搜集 / 购买 / 低结构类）
1	绘画类（写生、玩色、涂鸦等）	1. 积极参与绘画类活动，有自己比较喜欢的活动形式。 2. 能用多种工具、材料和不同的表现手法表达自己的感受和想象。	1. 低结构型材料：纸筒、纸袋、纸盘、纸伞、刮画。 2. 工具类：各色手指颜料、沙画颜料、毛笔、牙刷、排刷、海绵刷等。
2	剪（拼）贴（剪纸、撕纸、折纸、剪拼贴等）	1. 能用各种材料进行创造，发展幼儿的想象力和创造能力。 2. 关注大自然中可利用的材料进行创作。 3. 提高幼儿发现美、欣赏美的能力。 4. 锻炼幼儿小肌肉，能手眼协调完成作品。 5. 根据年龄特点进行形式多样化的创作；让幼儿喜欢制作，爱上美术。	1. 纸类：彩纸、卡纸、皱纹纸、纸盘、报纸、海绵纸…… 2. 自然材料：树叶、树枝、木片、干花…… 3. 绳类：麻绳、彩带、布类…… 4. 塑料类：吸管、KT 板、纽扣……

（3）人文资源

我们要注重人文资源建设，可以充分挖掘节日、节气、民间故事、神话传说、风俗民情等，寻找相关人士、专家的帮助和支持，为幼儿学习提供更多的支持。以下是我园一年四季的人文资源梳理一览表。

四季	主题	月份	节气	节日	民俗与传说
秋色	心愿起航月	9 月	白露 秋分	教师节、中秋节 “9 · 20”全国爱牙日	民俗文化：吃月饼、赏月 民间故事：嫦娥奔月、后羿射日
	自然物语月	10 月	寒露 霜降	国庆节、重阳节	民俗文化：赏菊花、吃螃蟹、吃千层糕、登高望远 民间故事：孝敬老人
	深秋探寻月	11 月	立冬 小雪	“11 · 9”消防日 “11 · 20”世界儿童日 “11 · 21”世界问候日	民俗文化：立冬吃饺子
冬韵	能量挑战月	12 月	大雪 冬至	“12 · 3”世界残疾人日	民俗文化：冬至大如年、祭祖、吃馄饨、数九天开始
	新年祝福月	1 月	小寒 大寒	元旦、腊八节、春节	民俗文化：腊八粥、送福、写春联 民间故事：年的故事、灶王爷的故事

续表

四季	主题	月份	节气	节日	民俗与传说
冬韵	新年祝福月	2月	立春 雨水	元宵节	民俗文化：看灯会、猜灯谜、吃元宵
春意	唤醒自然月	3月	惊蛰 春分	春游 “3·8”妇女节 “3·12”植树节	民俗文化：二月二，龙抬头；剃头 民间故事：叶公好龙、雷公公的故事
	春日体验月	4月	清明 谷雨	清明节 “4·23”世界读书日	民俗文化：祭祖、寒食节 民间故事：介子推的故事
夏语	成长光影月	5月	立夏 小满	劳动节 “5·20”“爱的节日”	民俗文化：立夏吃乌米饭、斗蛋、秤人
	聆听告白月	6月	芒种 夏至	儿童节、父亲节、端午节	民俗文化：吃粽子、赛龙舟 民间故事：屈原的故事

（三）全面架构，探寻全生活“美的教育”实践路径

1. 环境创设路径

幼儿园室内户外创设丰富多样、多元生动的环境，室内利用廊柱、隔断、造型别致的橱柜等，设置颇具创意的环境。“四季桌”“游戏区”“私密角”等，每个角落都投放自然真实、丰富多样的操作材料，托盘里的玩具、书架上的绘本、台面上的笔和颜料，都用打开的方式呼唤幼儿前来游戏。教室里可以看到恣意开放的绚烂花朵、垂挂下来的绿植，让幼儿置身于自然与美交融的环境中。

户外花园里有花草、树木、山坡、沙水泥池等，形成可供幼儿探索、扮演、种植、阅读、运动的游戏场域。春天，繁花灿烂、柳叶抽芽、春笋碧绿；秋天，落叶翻飞，芦花开放、摇曳生姿。一团泥沙、一根树枝、一片枯叶、一朵小花，每一种颜色、每一种质感、每一种味道，都能给幼儿带来美的感官体验和内心的怦然心动，萌发审美情趣，激发幼儿创造美和表现美的热情。

2. 生活体验路径

有生命力的教育得益于回归生活、扎根生活，从“小美”走向“大美”。春意夏语秋色冬韵，一天两线三餐四季，是幼儿园教师与幼儿们的日常生活。幼儿在生活中感受着自然实时的变化，如天气的变化、温度的变化，每一天

都在发现、体验，用心感受真实、规则、有序的生活之美。

一方面，园所从实际出发，根据幼儿成长需要，建立必要和合理的常规，从入园到离园，通过集体、小组和个别活动，动静交替，形成稳定且有序的一日生活环节。教师为幼儿创设温馨、关注、接纳、鼓励的班级共同体，让幼儿充分感受到被欣赏和被关爱，形成积极稳定的情绪情感，有初步的认同感和归属感。另一方面，引导幼儿关注周围生活，关注春夏秋冬的季节与环境变化，以及季节、环境与人们生活的联结，通过真实、自然的生活教育，鼓励和激发幼儿按照自己的方式开展探索、想象和创造。

3. 游戏回应路径

幼儿园以游戏为基本活动，根据幼儿需要和年龄特点，因地制宜、充分利用空间，创设丰富多元的游戏区域，提供开放适宜的游戏材料，支持、引发、促进幼儿游戏，让幼儿通过自主选择、自由学习、自在探究，满足不同幼儿不断变化的需求，以获得认知和发展。

同时，教师要用专业的视角审视、观察幼儿的游戏，能看见、能看懂、并能正确回应幼儿的游戏，做到会听、会看、会记、会思考，不断通过优化环境、优化材料、优化课程内容等方式，支持幼儿的持续发展，让幼儿能够感受到自己是有能力的、受到尊重的。

4. 社区联动路径

与社区、家庭开展联动，通过“请进来、走出去”的形式，邀请具有职业特色的家长、社区人员、民间艺人等，给孩子们展示不同职业的人员不同的工作特点，开展舞龙、舞狮、糖人制作等活动，让幼儿感受中华民俗的悠久历史。同时，幼儿走进敬老院、走进小学、走进当地的朱子民俗馆，开展踏青、走访、慰问、大班毕业典礼、“六一”画展等活动，共同体验尊敬老人、热爱家人、热爱家乡的情感。

将传统文化和重大庆典渗透在幼儿园活动中，让幼儿在特殊的日子里有特别的体验。例如在中秋节的活动中吟诵唐诗宋词、在绘本节中阅读二十四节气的图书，品尝具有中国味道的粽子、月饼等，对于提高幼儿的民族自豪感、自信心、爱国情感有特别的价值和意义。

三、研究收获与感悟

（一）自然美：把真实体验的空间交给孩子

我园本着“办一个美的园所，做一种有生命力的教育”办园目标，把环境创设作为推动课题实施的切入点，创设了致雅致精的十大室内区域环境和自主开放的三大户外游戏场地，提供能够适应幼儿不同动作发展的涂鸦区、骑行区、建构区、休闲区、运动区、沙水区等区域游戏场地。在这里，孩子们可以自由地构建、努力地尝试、快乐地合作。这里是探索发现的迷宫，是孩子们释放天性的乐园。灵动、丰富的户外游戏让幼儿获得身体协调以及发展空间感的同时，也获得了愉悦的情绪体验。

同时为引导幼儿在大自然、大社会中感受和欣赏自然景色，引发探究的兴趣与欲望，我园在户外种植了一年四季可观赏的树木和花草，形成“春天赏樱、夏天赏荷、秋赏银杏、冬赏腊梅”的四季景色。种植园地里，每个班、每个孩子都会参与“播种一粒种子、收获一种果实”的活动。室内的美术区和“四季桌”会随着季节的变化调整环境，例如春天的迎春花、油菜花，夏天的石榴花，秋天的树叶、芦苇，冬天的水仙，让幼儿园真正变成“美的花园”“趣的乐园”。

我们还利用春游、秋游的契机，带领幼儿走向社区，去领略更多大自然的美景，记录自己的所见所感所闻，让幼儿在与大自然的充分互动中、在放松愉悦的活动中，提升对美的感知。自然美的环境为孩子的经验扩展提供契机，让我们看到一个又一个鲜活的、富有动感和创意的生命在成长。

（二）艺术美：把创造表现的契机赋予孩子

我园创建了“自然美术馆”“花草绘本馆”“光影探秘馆”三大场馆，分别以美术、阅读、科学三大课程领衔，同时做到班班有美术区、阅读区和科学探索区。美术活动是我园传承多年的特色，也是我园一张亮丽的名片。我园定期聘请西安美术学院的教师前来指导活动。幼儿在艺术馆中自主创作、自由地挥洒，让我们看到了一个个精彩的世界。班级美术区有水粉、国画、泥工、手工、串珠等十大活动区，并根据季节更换艺术的主题、材料和名画欣赏，让孩子们在艺术的熏陶下学会发现美、表现美、创造美。绘本馆打造了安静、温馨的阅读场所，投放了几千本适合幼儿阅读、亲子阅读的绘本，孩子们在这里可以自由地阅读故事、讲述故事、表演故事、创编故事。光影馆收集了各种光影设备和材料，幼儿可以根据自己的生活经验进行探索、尝试、创造。

引导幼儿欣赏多种多样的艺术形式和作品，开展绘本阅读活动和文学作品吟诵活动，感受不同形式的艺术，如音乐、文字、对白、画面、色彩等带来的美感。积极鼓励幼儿将自己的所感所想用多元化的方式进行个性化地表征表达、创新创造，形成了班班有作品、人人有表现的学习样态。

（三）社会美：把自主生活的愉悦还给孩子

首先，使用规范又灵活的作息时间，形成稳定、有序的一日生活活动，让幼儿对时间的安排有掌控感，从而自主计划、安排活动，增强自信心。

其次，让幼儿规划自己的游戏，让计划的过程也成为一种学习的形式。每个幼儿都有游戏记录本，他（她）可以自由地选择自己想玩的区域，通过早上签到、区域选择、游戏记录等方式，对自己一天的活动进行自主、有序地计划和调整。

最后，在温馨、愉悦、自由、自主的活动中构建陪伴式的师幼关系、幼幼关系；营造班集体相互关心、相互帮助的氛围，让幼儿具有归属感；在生活中、游戏中建立有效的活动规则，帮助幼儿形成规则意识，引导幼儿有序、规范、自主地发展。

老师成为幼儿活动的观察者、支持者、记录者、评价者，引导幼儿不怕困难、努力做好力所能及的事情，帮助幼儿发现问题、解决问题，培养初步的责任感。通过生动有趣的节日节庆等重要活动，体验文化带来的庄重的仪式感，萌发爱师长、爱同伴、爱集体、爱家乡、爱祖国的情感。

“培养什么人，怎样培养人、为谁培养人”，作为幼儿教育工作者，我们要谨记习总书记的要求，不断更新理念，提升专业水平，以科研兴教、以科研兴园，不忘初心，努力行走在园所内涵品质发展的路上。

第二章　逐月儿童体验清单

引导语：

此篇章呈现了幼儿园全景式“美的教育”实施内容，从“秋色、冬韵”到“春意、夏语”，从开学季的九月到第二年毕业季的六月，每个月包含“课程主题”“园长寄语”“写给XX月的幼儿教师”“节日、节气、特别的日子”“生活中的学习小任务”五个方面的内容。这些内容清晰明确地展现了该月的工作要点、注意事项、可开展的活动以及一些建议，是教师在组织幼儿活动、准备游戏材料、创设生活环境时的有力抓手。

（本章节由潘云霞、束云霞、汪文雅、张涵、杨丹琴、张丽娜、朱丽娟、左慧、殷格兰等老师编写。）

秋色——9月：心愿启航月

一、园长寄语

教育就是相遇，是美好时光的开始，然而，比美好更美好的，是期待美好事情的发生。

二、写给9月的幼儿教师

9月，是一个特殊的月份，对小班的孩子来说，意味着一段生命奇妙经历的开始。但当一切刚刚发生时，他们会不适应，会用哭闹来表现内心的不安。小班的老师，你要学会慢慢来，你要相信孩子，他们在你的呵护下，一定能很快地适应新的生活。这一个月中，帮助孩子进行生活过渡非常重要，入园、吃饭、午睡、洗手、如厕，都需要你的关注，最小的事就是最大的事。同时，你还要和家长慢慢建立起信任、配合的关系。也许家长们刚开始会不理解，那是因为他们还不够信任你，将心比心，换成你也一样不会在短时间里很快相信一个陌生人。孩子可能是你的三十分之一，却是他们的唯一。但是，你的真诚和专业会让家长们慢慢知道，老师对孩子的爱也有百分之一百。你要尝试指导家长，如何慢慢跟上你的教育步伐。

对中、大班孩子来说，长长的一个暑假过去了，他们有了新班级，有的可能会有新老师、新伙伴，班级共同体的营造将有新的约定与规则，幼儿园里也有了许多新变化。你要带他们去熟悉、感受这系列的变化，帮助他们慢慢回归曾经熟悉的幼儿园生活。

这一个月里，还有很多节日节气和特别的日子，例如教师节、中秋节、白露、秋分等，你要尝试制订到班级的周计划和日计划里去，提前谋划，带领孩子开展丰富的活动。

三、节日、节气、特别的日子

节日：教师节、中秋节、“9·20”全国爱牙日。

节气：白露、秋分。

特别的日子：开学第一课、探秘日（找班级、认识新班级、幼儿园有哪些新变化）、家长会。

四、生活中的学习小任务

年龄段	学习小任务
小班	1. 认识自己的老师、班级和班级的幸运物标识，准确找到自己的班级。 2. 认识厕所，在成人的帮助下会如厕。 3. 鼓励独自入园。 4. 知道自己的物品放在自己的柜子里。 5. 能够逐步学会管理自己的情绪，大胆表达自己的感受。 6. 愿意和同伴讲述游戏中开心、难忘的事情。 7. 认识幼儿园里的人（保健老师、门卫爷爷、食堂阿姨）。 8. 知道我们中国有许多传统的节日、节气，节日里我们可以做许多有意义的事情。
中班	1. 根据提前一周在家长群发放的班级地图，找到自己的班级，即可收获新学期小礼物。 2. 认识签到表，知道自己的学号，提供粗笔和标准的签到桌，尝试用符号的方式签到。 3. 认识园历上的数字，9 月底更换下一个月的园历日期。 4. 学习唱园歌。 5. 参与新教室的区域环境创设，大胆表述自己的想法。 6. 和爸爸妈妈共同读一本关于“长大”的书。 7. 感受教师节，为老师送上节日的祝福。 8. 知道中秋节的来历，体验中秋节的传统风俗。 9. 认识秋天里的节气：白露、秋分。

续表

年龄段	学习小任务
大班	1. 根据提前一周在家长群发放的“班级探秘提示暗语”（如“大（1）班在三楼，在原中（1）班的楼上，旁边有楼梯”），找到自己的班级，即可收获新学期小礼物；利用一周时间设计班级地图。 2. 提供铅笔或签字笔，橡皮、握笔器，用学号签到。 3. 学会用统计的方式记录每天到园人数。 4.9 月最后一周安排一个小组活动，更换下个月的园历。 5. 学习唱国歌。 6. 认识班级里的新朋友。 7. 围绕主题：“进入大班前，我想说……”录制一段小视频，谈谈自己想要变成怎样的哥哥姐姐。 8. 和爸爸妈妈共同制订一份“大班成长计划”，说说我们升入大班可以做哪些准备呢？ 9. 帮助老师和阿姨共同整理班级环境。 10.“我是‘值日生’”，有轮值值日生的经历。 11. 在教师节能用不同的方式为老师送上节日的祝福。 12. 能通过自己的调查认识更多有关中秋节的信息，体验中秋节的传统风俗，愿意尝试在生活区制作月饼等传统美食。

秋色——10 月：自然物语月

一、园长寄语

教育就是：我爱的样子，你都有，而你有的样子，我都爱！

二、写给 10 月的幼儿教师

金秋十月，硕果累累，漫山的红枫摇曳，给了生命炫目的颜色。对于小班的孩子而言，他们已经逐渐适应了幼儿园集体生活，对周围的一切充满着好奇。在这个月里，我们可以引导他们在园内或者和父母一起寻找各种叶子等秋天的材料，布置在“秋季自然探索桌”供幼儿观察，进行科学和自然的探索；也可以带领他们玩“叶子拓印”“为秋天上色”等游戏，帮助他们感受大自然的美。10 月中的“国庆节”“重阳节”等节日都是很好的教育契机，我们可以通过多种形式的活动激发他们热爱祖国的情感以及学会尊敬和关爱老人。同时也要鼓励孩子“自己的事情自己做”，体验自我服务的快乐。

对于中、大班的孩子，我们可以通过秋游远足、采集等活动，鼓励他们到大自然中收集各种秋天的材料开展“艺术节”活动，让他们对季节变化的感知具化，丰富他们对于秋季的认知和畅想。还可以将他们亲手制作的作品展示在班级“季节展示桌”上，呈现出一个充满生命力的角落，也为孩子们带来更多的灵感和幻想。结合“国庆节”“重阳节”“世界粮食日”等重大节日，开展“我爱祖国”“关爱老人”“节约粮食从我做起”等主题教育活动。同时也要加强对孩子的秋季保育工作，做好一日生活环节的护理及指导。

10月不仅有“国庆节”“重阳节”“世界粮食日”“全球洗手日”，还是丰收的季节，寒露、霜降节气的到来也为10月增添了趣味。让我们一起带着对祖国的祝福、怀着感恩的心和丰收的喜悦走进10月，探寻自然，寻找秋的印迹。

三、节日、节气、特别的日子

节日：国庆节、重阳节、“10·15”全球洗手日、“10·16”世界粮食日。

节气：寒露、霜降。

特别的日子：自然探寻日(秋游，一般安排在“艺术节”前一周)、“艺术节”（一般为秋游归来后一周开展“艺术节”）。

四、生活中的学习小任务

年龄段	学习小任务
小班	1. 开展一次秋游活动，寻找各种秋叶，进行“叶子拓印”“为秋天上色”等自然探索。 2. 在潺潺的溪流中聆听大自然的声音，体验下雨天不一样的玩法。 3. 徒手玩泥巴，感受泥巴特殊的质地，与泥巴开启一段美好邂逅。 4. 尝试入园后用班级特有的方式签到。 5. 学习穿脱自己的衣服和裤子。 6. 认识同一张桌子上的朋友，知道他们的名字。 7. 和爸爸妈妈一起到大自然中去寻找不同的落叶，感受每一片叶子的不同之处。

续表

年龄段	学习小任务
中班	1. 认识签到表，提供粗笔和标准的签到桌，尝试用新的方式签到。 2. 认识秋天成熟的蔬菜、水果，感受丰收的喜悦并尝试记录成熟的过程。 3. 知道国庆的意义，认识国旗，培养热爱祖国的高尚情操，用自己的方式表达对祖国的喜爱之情。 4. 鼓励幼儿完成一些力所能及的事情，体验自我服务的快乐。 5. 会正确使用筷子进餐，能够自主打餐，知道不浪费粮食。 6. 能利用调查表去寻找秋天的足迹，关注植物、动物、气候等方面的变化。 7. 体验一次秋雨落在脸上的感觉，感受在雨中做游戏的快乐。 8. 在一次秋风过后捡寻校园里的落叶、落花。
大班	1. 观看阅兵仪式或天安门升旗仪式，幼儿园里开展一次集中升旗活动。认识国徽，唱国歌，尝试用多种方式表达自己的想法。 2. 进行一次短途旅行，观察季节变化后动植物的变化，完成一次植物或者动物的小调查。 3. 知道重阳节的时间和习俗，进行做年糕、赏菊、猜谜等活动。 4. 知道寒露、霜降节气的意义，进行一次登高活动，收集菊花、树叶等自然材料进行一次手工活动。 5. 用自己的方式表达对祖国的祝福、感恩之心。 6. 收集、了解秋天里的农作物，知道果实从种子到成果的生长过程，体验丰收的感觉。 7. 为下个月的“艺术节”做准备，尝试设定属于自己的“艺术节创作计划”。

秋色——11 月：深秋探寻月

一、园长寄语

教育就是：在遇见你之前，我也在成长；在遇见你之后，我们正好相互陪伴，勇敢向前！

二、写给 11 月的幼儿教师

11 月的天空蔚蓝、辽阔，这是一个平凡而又寻常的月份。深秋的幼儿园一切都已步入正轨，小班的孩子已经不再哭哭啼啼，而是咧着小嘴追逐着老师的脚步。孩子们汲取着大自然的馈赠，在悄悄地成长，你会发现小班的孩子们突然懂事了，能和老师有说有笑地聊聊家常了。小班的老师，我们要蹲下身来，抱抱他们，听他们说断断续续的、有趣的故事；耐着性子，看他们“千变万化”的小游戏；随时随地记录（书写、拍照、视频、追记）他们稚嫩的童言童语，留住这可爱又惊喜的画面。

中、大班的孩子已经在某个感兴趣的领域不断地摸索着，他们仿佛有无数个“为什么”要去探究：树叶为什么掉光了、为什么变颜色了、我们为什么穿厚厚的外套了、幼儿园里的花儿去哪了、可爱的鸟儿、昆虫们怎么不叫了……面对着这么多的“为什么”，你既要追逐、超越他们的脚步，又要等待他们发现，你要时刻提醒自己“我听过了，我就忘记了；我看见了，我就记得了；我做过了，我就理解了”。

这个月里有两个节气：立冬、小雪，要提前做好准备，让孩子们理解其意思，感受季节变化的奇妙。你还要鼓励幼儿学会感恩自己的父母、长辈、老师等，引导幼儿利用喜欢的方式表达自己的情感。在“11·9”这个特殊的日子里，你要带孩子学习消防员们不畏艰险的付出精神，掌握基本的安全小技能，学会保护自己。

三、节日、节气、特别的日子

节日：“11·9”消防日、“11·20”世界儿童日（鼓励幼儿大胆地表达自己）、“11·21”世界问候日（可以开展一次文明礼貌用语活动）。

节气：立冬、小雪。

特别的日子：安全日（在“11·9”前后安排一次安全演练活动）、感谢日（11 月最后一周，小班用语言表示，中、大班用符号和图画写一封信，送给感谢的人）。

四、生活中的学习小任务

年龄段	学习小任务
小班	1. 开展积极的锻炼活动，体验运动带来的快乐。 2. 收集各种掉落的树叶，感知深秋的来临，体验大自然的美丽。 3. 在立冬、小雪这两个节气中，通过传统活动，感受季节变化的奇妙，并且愿意为自己的长辈做一些力所能及的事情。 4. 阅读关于秋天、冬天的绘本，了解冬眠的故事。 5. 感受并参与一次“艺术节”的活动。
中班	1. 幼儿在种植园地为自己种植的蔬菜瓜果用自己的方式做上标记，并学会观察记录。 2. 开展奇妙的光影探索之旅：影子是怎样产生的。观察自己身边的影子，和影子做游戏，从而获得新的认知。 3. 和幼儿一起体验立冬的习俗，画一画，和幼儿一起学会包饺子。 4. 在感谢日这一天，带领幼儿用图画或者符号、做手工的方式来表达自己的感谢。 5. 和幼儿一起了解世界儿童日，开展读书的活动，和爸爸妈妈共同阅读一本绘本，来幼儿园一起分享。 6. 参与“艺术节”的活动，学会用各种自然物进行创意活动，乐在其中。
大班	1. 感受深秋带来的变化，乐于探究大自然中的奥秘。例如：树叶为什么掉光了？昆虫都躲到哪里去了？ 2. 收集深秋里不同的自然物，例如掉落的树枝、松果等，进行分类、创作。 3. 感受立冬和小雪节气，了解不同节气里的民俗。 4. 感谢日：能大胆表现，利用绘画的形式表达自己内心的想法，把自己的感恩送给身边的人。 5. 安全日：了解安全演练的过程和应该注意的事情，学习消防员不畏艰险的奉献精神。 6. 和老师一起为小树保暖、装饰。 7. 阅读绘本，了解各种动植物过冬的方式。 8. 策划“艺术节”活动，选择自己喜欢的艺术形式开展活动，并自主地选择自己的成品展示地点和方式。 9. 开始记录每天的温度，感受气温下降给人们带来的生活上的改变。

冬韵——12 月：能量挑战月

一、园长寄语

教育就是：有时，我会走在你后面，用期待的目光关注你，因为我相信你可以！

二、写给 12 月的幼儿教师

12 月，已然进入了冬天。枯黄的树叶、光秃秃的枝丫随处可见，角落里的梅花摇曳绽放。冬天就是这样，既有冷冽的外表，又有细腻的内在，看似萧瑟却又蕴藏生机。它仿佛在告诉我们：只有经过严峻的考验，才能获得最美好的东西。对于孩子们来说，冬天既充盈着挑战又满怀着期待。伴随着凛冽寒风的清晨，孩子们要战胜寒冷从温暖的被窝里起床，每天坚持来上幼儿园。他们也许会情绪低落，也许会有小哭闹，这时你的鼓励很重要，给他们一个暖暖的大拥抱吧。同时，你已经准备好各种能量挑战迎接孩子们的到来，晨间跑步、大型器械探索、民间体育游戏等，每一次户外挑战中孩子们都尽情玩耍，展现着童年的热情、天真和快乐。小小的生命，能够焕发出大大的能量。

在这一年的最后一个月里，还有很多节日、节气和特别的日子，例如：大雪、冬至、国际残疾人日、南京大屠杀死难者国家公祭日。你要带着孩子在每一个特别的日子里感受不一样的教育意义。

三、节日、节气、特别的日子

节日：国际残疾人日、南京大屠杀死难者国家公祭日。

节气：大雪、冬至。

特别的日子：“看不见日”（“12·3”体验盲人的感受）、“运动节”（12 月底开展一次“运动节”）、“祝福日”（12 月的最后一天，用语言、图画、符号表达对新年的祝福）。

四、生活中的学习小任务

年龄段	学习小任务
小班	1. 每天坚持按时到园，做个“不怕冷、不迟到”的小朋友。 2. 冬天的天气寒冷，会自己整理衣裤，保护自己的身体，不感冒，不生病。 3. 对霜冻、冰凌等进行探索、发现，感受大自然的馈赠。 4. 新年快到了，用表现、图画等形式与小朋友一起分享新年祝福。 5. 参加“运动节”活动，选择一个自己喜欢的项目，如骑小车、攀爬等，体验运动带来的快乐。 6. 参与关于“冬天”的话题讨论，感受冬天到来后的生活变化。 7. 拔萝卜：与幼儿观察菜地成熟萝卜的叶子、果实等，与幼儿一起拔萝卜、制作腌萝卜，并用画图等方式记录自己的发现。
中班	1. 体验冬季的天气，尝试选取一些合适的容器（塑料瓶、酸奶盒等）做一做冰花。 2. 尝试做汤圆。 3. 尝试剪一剪自己喜欢的各种窗花。 4. 去户外找一找、说一说冬天的变化，并用表征的形式画出来。 5. 探索冰的奇妙之旅：幼儿用观察、触摸来感受冰，制作彩冰，不断探索丰富更多关于冰的游戏，欣赏冬日之美，感恩大自然。 6. 感受落叶树和常绿树的不同。 7. 开展一次烤山芋活动。
大班	1. 感受大雪、冬至节气的气候变化，了解节气里不同的风俗。 2. 和同伴一起策划一次“运动节”活动，设置相关的场地、运动的项目，并参与开幕式。 3. 不怕寒冷，每天坚持运动，并选择一项喜欢的运动，在“运动节”里进行展示。 4. 在 12 月底，用语言、图画表达对新年的祝福和期待，感受新的一年即将到来的喜悦之情。 5. 开展一次“看不见日”活动，体验盲人的感受。 6. 从冬至开始，学会记录数九日，学习念“数九歌”。 7. 读一读关于“冬天”的绘本，感受冬天的温暖和团圆的喜悦。 8. 在生活区投放相关材料供幼儿制作传统新年美食，如包饺子、做汤圆、制作糖葫芦等。

冬韵——1 月、2 月：新年祝福月

一、园长寄语

教育就是：你偶一抬头，就能看见我微笑的模样！

二、写给 1 月、2 月的幼儿教师

1 月、2 月这两个月是喜庆的月份，将迎来新的一年！元旦、春节，是新的一年的开始，寓意着新的希望。我们可以通过迎元旦、迎春节的一系列活动，让幼儿更好地了解我国节日的传统文化，收集整理各国的元旦习俗和中国新年的习俗进行对比，让幼儿在对比中加深对中国新年的理解，并产生对中国传统文化的认同感。体验新年气氛，感受同家人、朋友一起过节的快乐。

小班的幼儿可以参加元旦和春节的庆祝活动，体验新年的开心氛围，学说新年祝福语。中、大班的幼儿可以了解“年”的来历以及习俗，丰富和拓宽幼儿对庆元旦迎新年的认知。我们可以在艺术区中投放相关材料，引导幼儿制作灯笼、鞭炮等手工作品，学习用毛笔字写对联等。在生活区投放相关材料供幼儿制作传统新年美食，如包饺子、做汤圆、制作糖葫芦等。利用晨圈时间介绍当年的生肖和来年的生肖，并让幼儿说说自己的生肖，讲述“年”的故事。如果下雪了，那么我们还可以开展一次“没有玩具日”的计划，在户外尽情地玩耍。

这两个月里，还有很多节日节气和特别的日子，例如元旦、除夕、春节、元宵节、腊八节、小寒、大寒、寒假、立春、雨水等，有趣的事情太多了，要祝福的话语也太多了。让我们和爸爸妈妈一起带孩子去体验、去感受。

三、节日、节气、特别的日子

节日：元旦、腊八节、春节、元宵节。

节气：小寒、大寒、立春、雨水。

特别的日子：“没有玩具日”（元旦过后第一周的某天或选择一个下雪天）、新学期开学第一课。

四、生活中的学习小任务

年龄段	学习小任务
小班	1. 开展迎元旦、腊八节、元宵节活动，通过学说新年祝福语、舞龙舞狮、制作汤圆、赏花灯、击鼓、挂福袋、点朱砂痣、喝腊八粥等活动，体验节日带来的喜庆热闹的氛围。 2.“没有玩具日”：元旦过后第一周的某天或选择一个下雪天，让幼儿体验没有玩具的一天，感受这一天与其他日子的不同。 3. 展望新年：了解过春年时人们需要做的一些事情，如打扫房子、贴对联等，感受生活的美好，对新生活充满期待。 4. 寒假期间，鼓励幼儿用表现、图画的方式制订寒假计划、记录寒假中有趣的事情。 5. 立春节气：唱一唱关于立春的歌谣。 6. 与同伴分享自己假期中读过的一本有趣的书或绘本里有趣的故事内容，和爸爸妈妈或者好朋友一起阅读这本故事书时的心情变化。
中班	1. 开展迎元旦的活动，了解元旦的来历以及习俗，丰富和拓宽幼儿对庆元旦迎新年的认知。 2. 在腊八这一天吃一碗热腾腾的腊八粥，了解腊八节感恩的故事。 3. 和雪花一起玩一次游戏，打雪仗、堆雪人，摸一摸、闻一闻等。 4. 新年愿望：师幼共同讨论对幼儿园、家人和自己的新年期待，将自己的新年愿望用绘画的方式记录下来。 5. 在春节前后，体验节日氛围，动手包一包饺子，和家人一起大扫除、贴对联、购年货，感受春节的喜悦且体验大寒的民俗。 6. 在新学期的第一周制作心愿卡，大胆表达自己在新的一学期里对自己的期许。 7. 改变签到的形式：将幼儿的学号编辑在田字格里供幼儿临摹自己的学号。
大班	1. 愿望清单：幼儿分享这学期自己最难忘的事情，梳理幼儿对新年的期待。 2. 开展迎元旦的活动，幼儿可以在艺术区制作灯笼、鞭炮等手工作品，练习写毛笔字、写对联。在晨圈时间介绍当年的生肖和来年的生肖，并让幼儿说说自己的生肖，讲述《十二生肖》故事。 3. 小寒节气：和幼儿讲一讲小寒的含义，说一说“小寒三候”；探一探小寒民俗，如围炉夜话、吃菜饭、吃糯米饭；体验小寒美景，开展挂冰灯、赏冰灯等活动，感悟冬天，期待春天。 4. 时光隧道：幼儿在教室里寻找他们这学期的学习线索。例如，看到项目探索上的各个活动照片能联想到当时活动的情景，看到区域活动轨迹联想到当时游戏时的精彩瞬间等，完成回顾单的记录，为下学期的生活积蓄更多的力量。 5. 体验民俗活动：舞狮子、说生肖、做福袋、猜谜活动、欣赏花灯。 6. 春节计划：提前对自己的春节行动制订计划，并且用符号表示计划的内容和完成的情况，通过提前预约春节惊喜，对即将到来的春节假期充满期待，尝试用自己的方式制订寒假计划。

春意——3月：唤醒自然月

一、园长寄语

教育就是：面对一个哭闹的孩子，一个微笑、一个拥抱，比起万语千言的絮絮叨叨，更重要。

二、写给3月的幼儿教师

3月，春天来了。春天是一个万物复苏、百花齐放的季节，到处都是一片生机勃勃、春意盎然的景象，从大自然到我们的衣食生活都有了很明显的变化。孩子们被这些变化激发起强烈的好奇心，渴望通过观察、探索、发现，在大自然中寻找答案。

在这个月里，我们可以让幼儿们亲近大自然，根据各年级孩子的年龄特点制订寻找春天的计划，开展郊游、远足等活动，在大自然中寻找春天。从孩子的兴趣出发，让每个孩子运用自己的感官去看看、说说、听听、闻闻、摸摸身边美丽的春天。孩子们会发现树木吐露新芽，小草从泥土里钻了出来，黄黄的油菜花报告了春天的信息，白色的、紫色的野花绽开了笑脸。让孩子们置身色彩斑斓的大自然中，去感受每一种生命生长过程的美好。

“春天不是读书时”，我们要允许孩子携带劳动工具，在植物角、种植园地开展播种、种植活动，允许孩子在阳光下自由地奔跑，体验春风拂面、阳光拥抱、烟雨如丝的感觉。

这一个月里，还有很多节日、节气和特别的日子，例如：惊蛰、妇女节、植树节、春分等。你要提前谋划，如果有亲子参与的活动，要和家长提前沟通好，以便顺利带领孩子开展丰富的体验活动。

三、节日、节气、特别的日子

节日：“3·8”妇女节、“3·12”植树节。

节气：惊蛰、春分。

特别的日子：“唤醒节”（在惊蛰这一天开展）。

四、生活中的学习小任务

年龄段	学习小任务
小班	1. 开展一次惊蛰节气活动，幼儿在园子里寻找春日世界，种一株小植物，用画笔记录下自己的点滴发现，观察、探秘、寻获。 2. “3·8”妇女节这天，幼儿选择感兴趣的活动，例如绘制妈妈的画像、做郁金香、“爱的抱抱”等小任务，感受爱与被爱的幸福。 3. 种植园油菜花开：与幼儿观察菜地油菜花，将花茎、叶子、花瓣等用画图等方式记录下来。 4. 围绕图画书《好饿的毛毛虫》展开活动。幼儿可与同伴分享，并体验读、画、表演等多种阅读方式，选择自己喜欢的方式完成对图画书的再现，激发创造力，在游戏情境中，感受毛毛虫破茧成蝶的意义。 5. 春游：幼儿在“寻宝”过程中积累关于植物的认知经验，发现大自然的奥秘。
中班	1. 在惊蛰前后，体验惊蛰民俗活动，例如吃梨，蒙鼓皮…… 2. 给妈妈一份特别的节日惊喜：可以是手工，可以是一句感谢的话，可以是一封感谢的信…… 3. 和家人共同收集关于春分的信息：观察一天中，白天与黑夜的时长，了解春分节气特点；体验一些民俗活动，如放风筝、吃春菜、立蛋等。 4. 带上工具，去生态园里发现苏醒的昆虫有哪些，并尝试记录下来。 5. 鼓励幼儿自主设计统计表，统计惊蛰前后打雷次数、打雷时间等。 6. 春游：利用各种工具，借助大自然独有的环境尝试进行各种交互探索，感受大自然的魅力。幼儿可以选择用言语、图画等表现的方式分享在春游中的收获与感受。 7. 清洗小水渠。
大班	1. 植树活动：开展各类种植活动。 2. 惊蛰：体验惊蛰民俗、寻找动植物苏醒的痕迹。 3. 开展一次种植规划，设置种植标记、测量。 4. “3·8”妇女节：亲手制作一件礼物表达对家中女性的爱。 5. 能用图表或其他符号讨论春游的地点、准备工作、春游小任务等。 6. 春分节气：认识汉字“分”；了解春分的寓意和“春分三候”；认一认春分的习俗、朗诵春日诗词；与幼儿一起留住最美春天，做手工风筝、种一粒植物种子、画一画春天的燕子等。 7. 走进春天：跟踪一株花、一棵树，持续进行观察，每天记录，等待花开和叶子发芽。

春意——4 月：春日体验月

一、园长寄语

教育就是：我爱你，不仅仅是因为你的样子；还因为，和你在一起时我的样子。

二、写给 4 月的幼儿教师

人间四月芳菲尽，山寺桃花始盛开。进入 4 月，老师们，你们是否发现气温开始逐渐稳定并明显升高？树木上最初嫩绿的、鹅黄的、毛茸茸的小芽开始逐渐变成浅绿、深绿的叶子，花儿争相开放，色彩绚烂。我们要多让孩子走进大自然，将这些大自然的信息带给孩子，一起探寻春天自然的变化。

清明时节雨纷纷，4 月是一个多雨的季节。春雨开始呈现出多样性，从蒙蒙的烟雨到淅淅沥沥的小雨，雨中的小草绿得亮眼，又不时飞过去一只小鸟。我们可以和孩子一起准备雨具，开展一次特别的雨天狂欢活动；可以和孩子一起了解清明节的传统习俗；可以和孩子开展阅读活动。清明节后，我们还迎来了“静悄悄日”，请选择一个特别的日子，放下所有的玩具，让孩子感受大自然奇妙动人的交响乐曲，引导孩子从听觉上去感受这丰富而美好的世界。

4 月还有很多的节日、节气。我们要创设丰富而适宜的环境、提供多元化的材料，赋予自由、自主、创造、愉悦的机会，努力让孩子参与、体验这个美丽的春天。

三、节日、节气、特别的日子

节日：清明节。

节气：清明、谷雨。

特别的日子：“4·23”世界读书日（开展绘本阅读表演等活动）、“静悄悄日”（选择某一天，用听觉感受大自然的声响并记录）。

四、生活中的学习小任务

年龄段	学习小任务
小班	1. 开展一次踏青活动，一起发现新长出的小嫩芽，一起探寻春天的变化。 2. 春暖花开，万物复苏，许多的小昆虫出来了，一起体验抓昆虫的乐趣。 3. 对蔬菜种子有初步的认识和了解，独立承担浇水、除草等任务，会简单运用小工具进行种植，仔细观察植物的生长变化并产生持续观察的愿望，体验照顾植物的乐趣。 4. 我的身体我知道：春季万物生长，幼儿们也在恣意地成长。通过身体的游戏与讨论、身体部位的认知等活动，了解自己，更好地爱自己。 5. 情绪体验：了解不同的情绪，如生气、糟糕、开心、兴奋等，体验不同的情绪且接纳自己不同的情绪，顺利表达自己的情感和情绪。
中班	1. 在清明前后，体验清明习俗，尝试编一顶柳条帽。 2. 找到小菜园里的野菜。 3. 在春天里，准备一个半成品风筝，尝试自己绘制，体验风筝的对称美，并且尝试放飞自己的风筝。 4. 读一本自己喜欢的书，和爸爸妈妈合作进行录音，在读写区分享。 5. 探寻春天的变化：发现气温明显升高？发现大自然的树木开始生长出绿绿的小叶子？发现桃树上的朵朵桃花？……将这些大自然的信息带给孩子，一起探寻春天自然的变化。 6. 种植园活动：了解不同种子的生长习性，掌握几种简单的种植方法，尝试除草、移植、播种，为植物制作身份证等。观察、记录植物的生长状况，体会植物生长的意义和生命的奥秘。
大班	1. 寻找春天的野菜，融入生活区中制作“春日美食”，并有使用锅铲、勺子、电饼铛等各种工具的体验。 2. 能够关注并记录春天温度的变化。 3. 开展下雨天的狂欢体验活动。 4. 制订一份关于“春日花”的讨论调查表。 5. 绘本体验日：有一次绘本分享的体验。 6. 谷雨节气：春天最后一个节气，与幼儿聊一聊谷雨含义，说一说“谷雨三候”，探一探谷雨习俗，念一念谷雨诗词等。感受春天的尾声，告别美好的春天。

夏语——5 月：成长光影月

一、园长寄语

教育就是：我爱你，不仅仅是因为我做的事；还因为，和你在一起时我能做成的事。

二、写给 5 月的幼儿教师

5 月是一个萌动绿意、积攒力量的季节，我们能够深深地感受到每一个孩子都在慢慢地变化，他们更加自主、更加积极，对开展的各种活动和学习都能够表达出自己的想法，并愿意努力去尝试。他们的身体更加灵敏，喜欢探索、挑战、冒险，语言表达更加连贯，言之有物，有前后逻辑关系。这个时候，你对“儿童是积极主动的学习者”这一个短语就有了更深刻地感悟。

在 5 月，你带领孩子们要做的事情还有很多，例如，“五一”劳动节前后，你是否可以带孩子们去他们父母的工作场所探班？帮助他们了解父母的职业，并让每一个孩子为站立在劳动一线辛苦付出的父母而感到骄傲和自豪。5 月 20 日是一个“说爱”的日子，让孩子有机会对父母表达自己的祝福和爱意。5 月还是大班孩子走向小学、向往小学生活的最佳时期，你要帮助他们勇敢地向前跨出一大步。

你能做的事情还有很多，慢慢规划起来、安排到每一天，去聆听、去发现、去感受每一个孩子的成长和你自己的成长。

三、节日、节气、特别的日子

节日：“5・1”劳动节、“5・12”护士节日。

节气：立夏、小满。

特别的日子：“5・20”“爱的节日”。

四、生活中的学习小任务

年龄段	学习小任务
小班	1. 通过阅读绘本了解小满的习俗，尝试体验做苦菜、吃苦菜，通过亲身操作、实际感知活动的意义。 2. 为妈妈画一幅肖像，通过小小调查表了解妈妈的饮食爱好，尝试为妈妈做点好吃的，学会感恩妈妈。 3. 开展“劳动节，我劳动”的活动，尝试做力所能及的家务，体验劳动的快乐，用表征、图画等形式与小朋友一起分享体验劳动后的成就感。 4. 发现夏天的各种变化，如颜色、味道、声音、感觉等，并通过仔细观察发现幼儿园里夏天的面貌，将自己观察、感知和发现的内容记录下来，制作成一本“夏日绘本”。
中班	1. 学习倒垃圾、擦桌子、叠被子等值日生工作，感受为他人服务的快乐。 2. 观察蝴蝶、蜜蜂，通过观察，让幼儿知道蝴蝶的基本特征。 3. 能说出自己家的住址、父母电话；设计简单的“我家路线图”。 4. 利用调查表、采访、拍摄等多种形式记录自己眼里的夏天，对精彩的夏天生活充满期待。 5. 了解夏天常见的几种昆虫外形特征和生活习性，尝试运用宫格式记录的方式将探究的答案记录下来，真切感受到生命体之间的密切关系。 6. 畅玩关于水的科学小实验游戏，通过动手操作，感受水的神奇魅力。 7. 通过采访和摄影，了解幼儿园在夏天的变化，从多角度感知季节的特点，尝试用多种工具记录寻找到的夏天。
大班	1. 参观一次小学，并记录自己的感受。 2. 参观附近的工厂、店铺，感受父母的职业。 3. 在“5·20”“爱的表达日”写一封信给自己喜欢的人（好朋友、父母）。 4. 感受夏天，和幼儿学首诗词《初夏即事》，和幼儿做立夏的美食，和幼儿一起迎接夏天的到来。 5. 夏日大回顾：收集与回顾夏日一系列活动的有关信息，用绘画、符号等方式进行记录后，用思维导图的方式进行梳理归纳，用柱状图的方式进行统计。回顾自己的夏日探究之旅。

夏语——6 月：聆听告白月

一、园长寄语

教育就是：心里永远孕育着爱和期待。

二、写给 6 月的幼儿教师

亲爱的老师们，在不知不觉中我们迎来了学期末的 6 月。在 6 月里或许有离别，或许有悲伤，或许有快乐，请不要担忧，那都是孩子们成长的经历。

6 月，是快乐的日子。我们畅游在“六一”儿童节快乐的日子里，你可以和孩子一起策划儿童节活动，共度这快乐的日子。

6 月，是告别的日子。大班幼儿即将告别幼儿园，他们有怎样的毕业愿望呢？他们喜欢怎样的告别方式呢？他们对幼儿园、老师、朋友等有怎样的留念呢？你可以和孩子一起设计毕业清单，完成毕业心愿，赠送礼物，告别表白，拍毕业照，领取毕业证……让孩子感受离别、感受毕业。

6 月，是成长的日子。大班的幼儿即将成为小学生，他们对小学生活会有很多的期待，大班的老师们可以和孩子一同认识作息时间表、整理书包、佩戴红领巾等，让大班的幼儿熟悉小学生活。小班孩子即将成长为中班的孩子，中班的孩子也即将成长为大班的孩子，他们也会对自己成长的日子有所期待，小、中班的老师们可以带孩子熟悉接下来的教室，说一说孩子的本领，感受长大的概念。

在这一个月里，还有很多节日、节气和特别的日子，例如芒种、夏至、儿童节、端午节、全国爱眼日等。我们可以尝试开展各种相关的活动，给予孩子更多的体验。

三、节日、节气、特别的日子

节日：儿童节、父亲节、端午节。

节气：芒种、夏至。

特别的日子：集体生日（大班的孩子在幼儿园里过一次集体生日）、全国爱眼日（全幼儿园做一次“六一”体检和视力筛查）、毕业典礼（6月的最后一周）。

四、生活中的学习小任务

年龄段	学习小任务
小班	1. 通过开展“六一”系列活动，使幼儿在积极的参与中体验合作与交往的快乐，从而度过一个幸福、难忘的“六一”儿童节。 2. 让幼儿知道端午节的日期，了解端午节的一些风俗和来历。喜欢和老师、小朋友一起玩玩、尝尝，共享节日的快乐。 3. 父亲节：聊一聊“我知道的爸爸”“爸爸的兴趣”“爸爸的本领”等，利用视频拍摄的方式讲述“我想对爸爸说……”，祝福爸爸节日快乐。 4. 回顾小班生活，感受一年来自己的成长，懂得感恩身边的人、事、物。 5. 中班生活初体验：通过参观、访谈等形式探寻升班后的新教室、新老师、新课程等内容，帮助幼儿了解中班丰富多彩的生活并畅想自己即将到来的中班生活及变化，提前预知美好的中班生活，迎接中班生活的到来。
中班	1. 端午节前后体验习俗，尝试编手链、包香包等。 2. 梅雨时节，体验雨滴落下的感受。 3. 认识大班的教室和环境，对毕业的哥哥姐姐表达自己的情感，为将要升入大班做准备。引导幼儿有计划地制订暑假生活，参与计划的设计与制订。 4. 和幼儿说说夏至的由来，了解夏至物候，生活区可以制作馄饨、夏至面等，体验夏至习俗，学习相关儿歌、歌曲和诗歌。 5. 采用观看过去的照片、视频等方式回顾中班生活，与同伴、教师、父母讲述自己在中班这一年的感受、体会。帮助幼儿在归纳、总结中体会自己的成长变化，同时为自己的变化感到高兴、骄傲和自豪。 8. 通过参观大班教室、采访大班教师、幼儿等方式，了解大班生活的丰富性与多样性，鼓励幼儿用调查、实地探访等方式，收集与大班生活相关的信息，用积极的心态迎接新的生活。
大班	1. 体验端午节的民俗活动。 2. 开展一系列的毕业季准备活动，完成毕业心愿。 3. 准备、策划自己的毕业典礼。 4. 如果情况允许，可以有一次夜宿幼儿园的体验活动。 5. 准备毕业画展、毕业照拍摄。回顾“我在幼儿园的这三年”点点滴滴，尝试用丰富的符号语言表达自己难忘的事。 6. 请家长为幼儿准备一份毕业时的祝福信，让教师在每天的晨圈时间读给幼儿听。 7. 用自己的双手和想象力为幼儿园留下一份礼物，通过“有份礼物要送给你”等活动，表达自己对幼儿园的爱和感恩。 8. 幼儿园手绘地图：了解幼儿园各个设施分布的大致位置，用绘画的方式记录幼儿园的花草树木，表达对幼儿园的不舍与眷恋。

第三章　一日生活样态

引导语：

此篇章构建了幼儿园一日活动每一个环节的组织与实施框架。从入园到离园的十二个环节，每个环节分为“是什么、为什么、做什么、怎么做”等几个部分，从理念到实践，从目标指引到活动时间，从环境准备到各部门人员职责，全面而翔实地梳理了每个环节组织实施的具体内容，给教师以确切、真实的指引。教师在经过短暂地学习后，就能按图索骥、规范行为，开展一日活动的组织。尤其是每一个环节的最后，不仅给出活动实施的建议，还就一些家园沟通时的常见问题提醒教师交流的方式与内容，是一线教师日常带班的工作说明书。

入园环节

一、关于入园

（一）什么是入园？

孩子的话：

“入园就是爸爸妈妈去上班，我上幼儿园！”

“入园就是刷门禁、测量温度，保健教师检查小手！”

“入园就是遇到很多小朋友，我们一起晨检，一起找老师、找班级！”

教师的话：

入园环节是家园衔接的第一步，幼儿与父母道别，进入幼儿园，开启一天的幼儿园生活。这一环节对于安定幼儿情绪、养成其自主自信的处事能力有着重要的意义。尤其在新冠疫情期间，要求幼儿独立入园，对幼儿的动手操作、社会交往、语言表达、方位识别等方面而言更是全面的挑战。

（二）目标指引

1. 培养幼儿独立自主的意识和自我服务能力，积极有序地开展活动。

2. 能保持安定、愉悦的情绪，能礼貌地与同伴、教师和其他人员交流、打招呼，喜欢上幼儿园，有班级归属感。

3. 增强幼儿的任务意识，学习自主地整理、收纳和规划一日活动。

4. 爱护动植物，关心和发现周围环境中的变化，并自主记录、交流。

（三）入园时间

年龄段	小班	中班	大班	时间调整日期
夏季	7:50	7:45	7:45	第一学期 9 月 1 日—9 月 30 日，第二学期 5 月 1 日—6 月 30 日
春秋季	8:00	7:50	7:50	第一学期 10 月 1 日—11 月 30 日，第二学期 3 月 1 日—4 月 30 日
冬季	8:10	8:00	8:00	第一学期 12 月 1 日—寒假放假，第二学期寒假返园—2 月 28 日

备注：

1. 该入园时间面向大多数幼儿，但同时要考虑个别幼儿的家庭情况，因父母工作需要提前来园的幼儿最早不能超过 7:45。

2. 为保证幼儿在园的活动时间，幼儿园于 8:30 关闭大门。因此，无特殊原因，中、大班幼儿入园最迟不晚于 8:30。小班第一学期可适当放宽，但无特殊情况，教师应鼓励幼儿坚持每天准时来园。

二、幼儿这样做

1. 戴好口罩，拿好自己的物品，与父母道别，慢慢走到一米线通道内排队，刷门禁，待门扇开启后独立入园。

2. 向保健教师问好，在保健教师的引导下进行测温、晨检，主动和保健教师交流自己的身体状况和情绪。

3. 进班，与教师打招呼，放置并整理、收纳好自己的物品。

4. 开展签到工作，并自主完成游戏计划。

5. 照顾自然角，开展观察、测量、记录等工作，并自主地把自己的发现和同伴、教师进行交流。

三、家长这样做

1. 按时睡觉和起床，帮助幼儿养成良好的作息时间，并鼓励幼儿开展生活自理，如穿衣等。

2. 自制早餐，保证营养。如果因工作不便无法自制早餐，也尽量不购买三无产品给幼儿当早餐，并能够在餐桌上进行饮食。

3. 提醒幼儿需要携带的物品，并提醒或帮助幼儿在物品上写上班级和名字，以便幼儿和教师进行辨认识别，尤其是大件的物品，如被子等。为幼儿准备备用口罩，并用塑封袋装好带入幼儿园。

4. 选择安全的交通工具或步行的方式接送幼儿。一路上和幼儿交流所见所闻，鼓励幼儿的表达，保持积极的情绪引导。

5. 到幼儿园门口时，与幼儿用彼此熟悉和一贯的方式道别，并告知来接的时间，目送幼儿走入闸机入园后方可离开。必要时可护送幼儿进入闸机。

6. 如遇幼儿身体不适，则将病历卡与药物亲自交与保健教师，登记好相关信息后方可离开。

7. 如无特殊情况，尽量由父母或家人亲自接送幼儿。如果是邻居或朋友接送，则特别提醒相关安全事项。

8. 特别是在疫情期间，家长不入园，因此，保持手机的畅通十分必要。如有特殊情况或需要，也应及时与教师沟通交流，共同配合。

四、教师这样做

（一）岗前准备

1. 教师 A 为早班教师，于 7:40 来园，张贴或调整周计划，检查区域游戏的环境、材料是否到位。

2. 教师 B 为晚班教师，于 8:00 之前来园，检查户外活动场地和器械，准备户外活动所需的材料。

3. 准备好自己的情绪，以积极、饱满、热情的工作状态迎接幼儿的到来。

（二）环境支持

1. 自制签到表。中、大班提供小椅子和小桌子，桌上铺上温馨的桌布，并放置日历、电子钟或时钟。小班以插卡、标记等方式签到。

2. 各班设置计划墙、区域牌，孩子们能自主选区活动。

3. 自然角提供记录本、笔、放大镜、浇水壶、小铲子等工具，供幼儿观察、记录、照顾动植物。

（三）教师分工

1. 教师 A 站在教室门口，面向走廊迎接幼儿。主动、亲切地和每一位幼儿打招呼，关注群里信息并及时回复，对家长关照的特殊事务做必要的记录。关注幼儿签到，特别是中、大班幼儿的握笔姿势、书写姿势。

2. 教师 B 在室内指导幼儿做游戏计划，对做完计划的幼儿提醒开展自然角的观察，关注室内的幼儿，与幼儿开展交流，聆听幼儿的想法。

五、后勤管理这样做

（一）保安

1. 保安 A 安放今日值班的名牌、教职工签到表、体温测量仪，准备好安全器械。保安 B 将幼儿园门口打扫干净、清理垃圾桶。

2. 7:30 全副武装准时到岗，保安 A 在闸机口组织早到的幼儿在一米线通道准备，保安 B 在小门处关注区域内幼儿来园情况。

3. 情绪饱满、主动热情地和幼儿打招呼，与部分家长做好沟通交流，耐心细致地回答家长的问题。对于无理取闹的家长做到冷处理，坚决不予争执。

4. 将安全保障放在首位，时刻关注幼儿的安全，以防有幼儿从园内走出。

5. 做好个别幼儿的物品交接，写好姓名与班级，并统一摆放，等待保育员来领取。

6. 8:30 准时关闭闸机，只留一个通道。

（二）保育员

1. 保育员 7:30 之前到岗，按照卫生保健要求开窗通风、整理物品、打扫室内、室外卫生。

2. 将消毒好的茶杯放入茶杯箱、准备盥洗用品（擦手毛巾、洗手液、便纸、

垫巾）

3. 8:00 准时结束卫生工作，回到班级，协助教师迎接幼儿、拿取幼儿物品。

4. 情绪饱满、主动热情地和幼儿打招呼。

（三）保健教师

1. 保健教师 A 于 7:40 之前到岗，准备晨检物品和药品服用登记表，规范服装。

2. 7:45 开始晨检。保健教师 B 于 8:00 到岗共同协助晨检。

3. 关注幼儿情绪和状态，及时与班主任沟通交流、反馈信息。疫情期间做好防控工作，对个别幼儿做好二次测温。

4. 情绪饱满、主动热情地和幼儿打招呼，自然地开展交流活动。

（四）值班行政

1. 7:15 之前到岗，巡视食堂、检验菜品、记录、签字。

2. 7:40 到大门口闸机外，组织早到幼儿在一米线通道排队。

3. 关注幼儿来园情况，与家长做好简短的沟通交流，处理紧急事务。

4. 指导幼儿一一通过闸机，主动与幼儿问好，自然地开展交流活动。

5. 关注个别幼儿情绪，与班主任做好交流。

6. 填写行政记录中“入园”情况。

六、温馨提示

1. 8:30 通道关闭，大部分幼儿已经入园，只有少数幼儿姗姗来迟。而迟来的幼儿又往往是特殊的儿童，如小班幼儿、不愿入园的幼儿、哭闹的幼儿等。因此，这一阶段不能成为入园的空窗期，必须有一名保安和一名保健教师在园门口留守，延迟 10 ～ 30 分钟。

2. 新的学期开始，教师要有意识地带领幼儿识别自己的班级，开展“找找我的新班级”“我们的班牌”等活动，在班级门口摆放醒目的标志或吉祥物。中、大班幼儿可绘制班级路线图。

3. 小班开学第一个月，教师、家长要密切配合，以不同的方式送、接幼儿入园，帮助幼儿尽快适应小班生活。

七、一问一答

常见问题一：

家长问教师：老师，孩子几点入园？（该问题一般多为小班新生家长或插班生家长，问的时间多为新学期开始）

简单粗暴型回答：班级群里已经发布过作息时间了，自己去看！

细致专业型回答：现在是9月份，实行夏季作息时间，早上入园时间小班为7:50，中、大班为7:45，后面还将调整时间，我们会在群里以班级公告的方式告知您，请您留意群里信息。有特殊情况及时与我们沟通！谢谢您的配合！

常见问题二：

家长问教师：老师，冬季入园时间改为8:00、8:10，可是我们8:00之前要到岗，按照这个时间我们上班就要迟到了。（该问题一般多为双职工家长）

简单粗暴型回答：这是幼儿园的规定，我们改不了！

细致专业型回答：这是幼儿园面向大多数幼儿的作息时间。如果您确实因为工作原因要将幼儿早点送入园，也是可以的，但是最早不能超过7:45。有特殊情况及时与我们沟通！谢谢您的配合！

常见问题三：

家长问保安：为什么不能早点开门？（一般提出这样问题的是赶时间的家长）

简单粗暴型回答：没到时间，不让进！

细致专业型回答：现在老师还没有到岗，保育员在搞卫生，教室里没有人，如果现在放孩子进去，安全得不到保障。您如果急着走，就让孩子在这里，我们会看护好，您要是不急就稍微等一等，我们在7:45之后开门。

常见问题四：

家长问保安：我家孩子的东西放在这里，等一下老师会来拿。（一般为大件物品）

简单粗暴型回答：你在这里等老师，我们不管这些事！

细致专业型回答：好的，请您把班级和孩子的姓名写好，并在班级群里告诉老师！

（潘云霞撰写）

分组游戏

一、关于游戏

（一）什么是游戏？

孩子的话：

“游戏就是有许多好玩的玩具、有许多好玩的地方！”

“游戏就是和好朋友一起玩！”

“游戏就是很开心、想怎么玩就怎么玩！”

教师的话：

《规程》指出幼儿园应“以游戏为基本活动，寓教育于各项活动之中”，“幼儿园应将游戏作为对幼儿进行全面发展教育的重要形式。幼儿园应当因地制宜创设游戏条件，提供丰富、适宜的游戏材料，保证充足的游戏时间，开展多种游戏。幼儿园应当根据幼儿的年龄特点指导游戏，鼓励和支持幼儿根据自身兴趣、需要和经验水平，自主选择游戏内容、游戏材料和伙伴，使幼儿在游戏过程中获得积极的情绪情感，促进幼儿能力和个性的全面发展”①。

游戏是幼儿的生活方式，而非实施教育的手段。我们应以《指南》为目标，关注幼儿的兴趣、经验和需要，提供时间、空间和材料支持，帮助和引导幼儿在游戏中学习、在游戏中发展。

（二）目标指引

1. 在游戏中促进幼儿身心健康发展，使其拥有强健的身体素质、积极乐观的情绪、灵活协调的动作、良好的生活和卫生习惯，以及基本的生活能力。

① 中华人民共和国教育部. 幼儿园工作规程，2016.

2. 在游戏中促进幼儿语言能力发展，让幼儿想说、敢说、会说，培养阅读、书写兴趣和良好的阅读、书写习惯。

3. 在游戏中体验与同伴合作的乐趣，学习初步的人际交往技能，遵守基本规则，养成自尊、自信、自主的态度。

4. 在游戏中主动调动多种感官感受与体验，探究尝试，不怕困难，乐于坚持。学习用多元方式交流、分享探索的过程和结果。

5. 在游戏中感受、欣赏、发现大自然和社会文化的美，并用自己的方式去表现和创造美。

（三）分组游戏时间

年龄段	第一时段	第二时段	第三时段	时间调整日期
夏季	8:10—9:10	9:30—10:30	14:50—15:50	第一学期 9 月 1 日—9 月 30 日 第二学期 5 月 1 日—6 月 30 日
春秋季	8:20—9:20	9:40—10:40	14:50—15:50	第一学期 10 月 1 日—11 月 30 日 第二学期 3 月 1 日—4 月 30 日
冬季	9:10—10:00	10:00—10:50	14:50—15:50	第一学期 12 月 1 日—寒假放假 第二学期寒假返园—2 月 28 日

备注：

1. 幼儿按照自己的兴趣和需要，自主选择室内或户外的区域、材料。

2. 要保证幼儿户外活动的时间达到 2 小时，其中体育活动的时间不少于 1 小时。

3. 过冷或过热的季节应适当进行调整，教师也可根据幼儿游戏的活动内容和个体差异进行调整。

4. 第一时段和第二时段主要为室内、户外进行分组交换。第三时段主要为户外活动，包括体育活动、户外种植、户外探索等。

二、幼儿这样做

1. 自主选择游戏内容、材料、同伴、场地等进行游戏、自由探索与发现。

2. 按照意愿和需要选择独自游戏或与同伴共同参与，愿意与同伴分享游戏材料和经验。

3. 学习解决游戏中的问题，积极主动，认真专注，不怕困难，不断尝试、挑战。

4. 爱护和正确使用游戏材料，会轻拿轻放，物归原处。

5. 遵守游戏规则，关注活动安全，有自我保护意识，能够保证自己或提醒他人不做危险的事。一旦发生安全问题，会向成人求助。

6. 游戏中可自主地喝水、如厕，如需离场要告知教师。游戏结束时，会归类、收纳、整理玩具，并带上自己的物品，有序离开。

三、家长这样做

1. 为幼儿提供适宜、简洁、安全的服装、鞋帽，不佩戴贵重器物，以免在活动中造成伤害或遗失。

2. 在生活中注重安全教育，并时常与幼儿交流，提高幼儿的安全意识。

3. 必要时为幼儿准备一双备用的鞋袜和一套干净的衣服，以便不时之需。

4. 为幼儿准备雨伞、雨衣等，为幼儿提供玩水装备。

5. 如果游戏中发生安全意外，教师会第一时间通知家长，因此要保证通信顺畅。

四、教师这样做

（一）岗前准备

1. 教师 A 检查游戏区域的环境、材料是否齐全、干净、卫生、安全，是否符合幼儿发展水平和经验、需要。

2. 教师B检查户外活动场地和器械，准备户外活动所需的材料。“一摸”（摸器械是否有锋口、倒刺、尖锐凸起等安全隐患）、“二看”（看场地是否破损、凹凸或存在导致幼儿绊倒、摔伤的安全隐患）、“三备”（准备好软垫等安全防护设备）。

3. 关注幼儿前期经验、兴趣和发展水平，并做出有效支持。

（二）环境支持

1. 游戏材料投放数量充足，种类丰富，且卫生安全、经济适用，满足幼儿的自主选择。

2. 能利用生活中的自然材料，注重材料投放的层次性和可探究性，诱发幼儿获得经验。

3. 游戏环境开放、有序、富有挑战，能激发幼儿的参与兴趣，满足幼儿探索、扮演、运动、阅读、种植等多种需要。

（三）教师分工

1. 教师 A：负责室内区域的观察与指导，可用照片、视频、文字的方式记录下幼儿游戏的场景，捕捉幼儿的兴趣点和遇到的问题，关注幼儿解决问题的过程，以便后续的支持。

2. 教师 B：负责户外区域的观察与指导。在活动前提醒幼儿户外游戏的注意事项，尤其是安全方面。在幼儿自主选择游戏后，重点关注某些区域或对个别幼儿实施观察。通过材料的摆放、鼓励的语言、参与的方式等激发幼儿参与活动的兴趣。

3. 全身心投入幼儿的游戏观察、协助中，做到"眼到"（看见每一个孩子的动向和游戏状态）、"手到"（游戏过程中进行拍摄、记录）、"口到"（以自然地与幼儿交流、表达鼓励，但又不干扰幼儿的活动为宜）、"心到"（对于活动中每个幼儿的发展水平和能力了然于心，在幼儿需要的时候给予帮助）。

4. 游戏结束后均要提醒并检查幼儿收拾、整理游戏材料，及时归类、收纳，形成良好的习惯。

五、后勤管理这样做

（一）保安

1. 保安 A 做好幼儿园巡视工作，关注安全。

2. 保安 B 继续关注门口个别幼儿的入园情况。

（二）保育员

1. 8:00 前领取点心。8:00—8:10 做好点心用餐前的桌面消毒、点心准备（用保温桶冲调奶粉，将点心放入消毒好的点心盘中）、准备好已消毒的点心夹和点心碟、点心区放点心数量标记。保育员在准备直接入口的食品时戴一次性手套和口罩。

2. 协助户外活动物品准备工作（餐巾纸、汗巾、衣服篓子、水壶收纳箱）及户外器械、材料的准备。

3. 协助教师开展游戏指导工作。定人定区，关注幼儿安全、运动量等情况。

4. 关注幼儿活动，帮助幼儿垫好汗巾，并提醒幼儿注意饮水、休息。

5. 10:20 户外活动结束，做好点心用餐后的清洁消毒和整理工作（清洗并消毒喝牛奶、豆浆用的茶杯和保温桶，消毒好后及时放在茶杯架上，点心碟和点心夹放在消毒柜消毒）。

（三）保健教师

1. 7:45—8:40 入园晨检。关注幼儿情绪和状态，及时与班主任沟通交流、反馈信息。

2. 开展班级巡视工作。关注班级卫生、食物点心、班级保育工作等情况，及时指导。

（四）值班行政

1. 巡视各班游戏情况，发现活动的亮点和不足之处，对教师进行指导。

2. 随机督查教师工作状态。

3. 查阅计划，核查教师是否执行计划或者是否标注调整计划的原因。

4. 统计各班来园人数。

5. 填写值班行政管理视导表。

六、温馨提示

1. 教师应当在明确幼儿年龄段目标和本班幼儿发展水平、兴趣、经验的基础上提供材料，不随意、不盲目，做到循序渐进、步步提升。

2. 游戏材料不宜每天更换，而应该在每位幼儿均熟悉玩法的基础上进行适当调整，做到稳定性和灵活性相结合，不断促进幼儿发展。

3. 保持适当的站位，以便能关注到每一名幼儿，了解他们的动向。

4. 观察幼儿的游戏状态，尽量不干扰幼儿的游戏，必要时以适宜的方式给予引导、帮助和鼓励。

5. 用各种方式让幼儿感受到教师对他们的关注、鼓励和支持，以愉悦、积极的情绪鼓励幼儿反复尝试、不怕困难、坚持不懈。

6. 坚决杜绝闲聊、空岗现象。

7. 若发生轻微安全事故，带幼儿到保健室进行消毒护理。如果发生重大安全事故，则第一时间联系家长，同时由班主任、保健教师带幼儿送往医院，并及时汇报园长室。其余幼儿由另一名教师与保育员组织在室内开展活动。

8. 根据天气调整活动内容和材料。

七、一问一答

常见问题一：

家长问教师：老师，孩子在幼儿园里怎么只是玩，什么知识也学不到。

简单粗暴型回答：现在幼儿园就是这样安排的，你不懂！

细致专业型回答：幼儿是在游戏中学习的，在游戏中调动多种感官去体验、感受、观察、探究，从而获得动作、语言、认知、审美和学习品质的发展，这些也为孩子将来的学习奠定基础。而知识的学习，讲究枯燥反复的练习，是一种机械的训练，在幼儿阶段可能会立刻有效果，但有百害而无一利，是不可取的，我们千万不能有这种短视行为。

常见问题二：

家长问教师：老师，我家孩子怎么脸上有伤痕？

简单粗暴型回答：我也搞不清，大概是孩子之间打闹造成的吧！

细致专业型回答：您不要着急，我明天来问一下 ×× 老师和其他小朋友，了解清楚了再给您答复（了解情况后主动给家长回复，说明原因，并表示歉意）。如果有其他情况我们再联系！谢谢您的配合！

常见问题三：

家长问教师：老师，我家孩子的画不知道在画什么，一点都不像。

简单粗暴型回答：你家孩子动手能力确实很差，要好好练习。

细致专业型回答：孩子的画表达的是他（她）的内心感受和体验，不能用像不像来评价。当下他（她）的精细动作发展还没有那么灵活协调，所以，有些形象线条没有那么流畅也是正常的。我们幼儿园会提供相关的游戏材料来锻炼他（她）的手部动作，随着他（她）的年龄增长和不断的游戏参与，技巧就会慢慢提升的，您不用那么心急！

（潘云霞撰写）

晨圈活动

一、关于晨圈

（一）什么是晨圈？

孩子的话：

“晨圈活动就是我们全班小朋友围坐在一起说话！”

“晨圈活动前老师会带我们念儿歌、唱歌、做韵律！”

“听到音乐声，我就知道晨圈活动要开始啦，我会开始整理材料、拿着小垫子靠着老师围着圈坐下来！”

教师的话：

《规程》指出“幼儿园应当为幼儿提供丰富多样的教育活动”，“教育活动的组织应当灵活地运用集体、小组和个别活动等形式，为每个幼儿提供充分参与的机会，满足幼儿多方面发展的需要，促进每个幼儿在不同水平上得到发展”。晨圈活动，是早晨的一个时间段，老师和全体孩子围坐在一起，开展以谈话为主的活动，也是一次集体活动时间。利用这样一种集体活动，让幼儿感受到自己是集体的一部分，能够积极参与到集体中，学习合作、交流和分享，促进幼儿各领域的全面发展。

（二）目标指引

1. 在自由、宽松的晨圈活动中，感受集体，尝试与人交往、关心同伴，在群体活动中获得积极快乐的感受。

2. 在晨圈活动中能有意识地倾听与自己有关的信息，愿意讲话并清楚地表达。

3. 有意识地观察周围事物，学习观察的基本方法，乐于学习做简单的计划和记录，并与他人交流分享。

（三）晨圈活动时间

年龄段	小班	第二时段	第三时段	时间调整日期
夏季	9:10—9:30	9:10—9:30	9:10—9:30	第一学期 9 月 1 日—9 月 30 日 第二学期 5 月 1 日 – 6 月 30 日
春秋季	9:20—9:40	9:20—9:40	9:20—9:40	第一学期 10 月 1 日—11 月 30 日 第二学期 3 月 1 日—4 月 30 日
冬季	8:20—9:10 （跑圈活动）	8:20—9:10 （跑圈活动）	8:20—9:10 （跑圈活动）	第一学期 12 月 1 日—寒假放假 第二学期寒假返园—2 月 28 日

备注：

1. 该时间为一个大致的时间，小、中、大班可根据实际情况和幼儿年龄特点再细化，时间调整一般以 10~15 分钟为宜，最多不超过 20 分钟。

2. 冬季活动时间可放在跑圈活动结束之后进行。

二、幼儿这样做

1. 幼儿听到音乐快速做出反应，拿取小椅子或垫子等，围成圈或者排等。

2. 师幼问好。

3. 了解哪些小朋友未入园、为什么没有入园，关心同伴。

4. 关注天气、日期等情况。

5. 根据自己的兴趣和需要进行话题讨论，自由地表达。

6. 活动中可自主地喝水、如厕，如需离场要告知教师。活动结束后，将椅子、垫子放回固定地点，有序离开。

三、家长这样做

1. 帮助幼儿养成良好的生活习惯，准时入园，及时参与晨圈活动。

2. 在生活中注重引导幼儿关注周围生活，积累经验，让幼儿有话可说。

3. 在亲子互动中，家长积极鼓励幼儿大胆表达自己的想法。

4. 在家庭生活中，家长积极鼓励幼儿有礼貌地与他人互动，引导幼儿关心家庭成员或其他亲人。

四、教师这样做

（一）岗前准备

1. 教师 A 检查幼儿签到情况，了解幼儿出勤、天气、游戏情况，提前思考好以何种形式导入、如何进行对话等，准备好当日晨圈话题讨论的内容及相关材料。

2. 教师 B 准备好晨圈开始和结束时用到的音乐，检查垫子、椅子是否安全、干净和足量。

3. 关注幼儿前期经验、兴趣和发展水平，并做好回应准备。

（二）环境支持

1. 晨圈集中的空间是否足够容纳所有幼儿。

2. 整个活动氛围保持自由、自主。

（三）教师分工

1. 教师 A：负责播放音乐，提示幼儿晨圈时间即将开始，组织大部分幼儿利用垫子或椅子集中到一个区域，人数少可以围成圈，人数多可以排排坐。教师利用韵律、歌曲、诗歌、乐器演奏等进行导入。

2. 教师 B：负责引导幼儿进行如厕，帮助未及时加入晨圈活动的幼儿加入晨圈活动。

3. 教师 A：从问好、点名、天气、话题四个方面开展晨圈活动。

4. 教师 B：当幼儿全部加入晨圈活动后，坐在幼儿后方，及时关注幼儿活动情况，做好协助管理工作，尤其是对于个别特殊的幼儿。

5. 教师播放结束音乐，并帮助幼儿有序投入到下一游戏阶段。

五、后勤管理这样做

（一）保安

保安巡视幼儿园，关注门口个别幼儿的入园情况，关注安全。

（二）保育员

1. 关注前一时间段幼儿点心用餐情况。

2. 关注点心温度是否适合幼儿食用，如水或牛奶是否在合适的温度，剩下的点心数量是否充足。

3. 在晨圈开始前可利用如厕时间提醒幼儿饮水。

（三）保健教师

1. 关心各班幼儿点心食用情况。如点心幼儿是否喜欢，数量是否充足。

2. 关注保育员操作是否正确，及时帮助保育员。

（四）值班行政

1. 巡视各班晨圈情况，关注教师是否及时开始进行晨圈活动，晨圈活动的内容是否符合当下季节和幼儿的经验。

2. 随机督查教师工作状态。

3. 查阅计划，核查教师是否执行计划或者是否标注调整计划的原因。

4. 统计各班来园人数。

5. 填写值班行政管理视导表。

六、温馨提示

1. 教师应当在明确幼儿年龄段目标和本班幼儿发展水平、兴趣、经验的基础上选择话题，不随意、不盲目，做到目标与经验结合，循序渐进、步步提升。

2. 晨圈的导入有儿歌、韵律、古诗、乐器等方式，具体内容是由季节、节气、节日等决定的，教师可以在资源清单中选取。

3. 晨圈的话题可以与当下季节、节气、节日、重大活动相关；也可以聚焦幼儿兴趣；也可以针对随机的发现，如游戏中的问题、新添的材料、卫生、安全、环境等内容。

4. 晨圈活动中可以有一个主话题，也可以有一个副话题。主话题反映在周计划中，允许修改与调整，但是需要用红笔标注出来，如果前面的问好、天气、签到用了 5 分钟，主话题只能用 8 ～ 10 分钟左右。副话题是临时的，例如材料的添加、规则的要求等，不需要每次都有副话题，但是如果有副话题只建议用 2 ～ 3 分钟。尤其是材料介绍、区域介绍，只是一次推介，具体的玩法应该留给幼儿自己在游戏时间内开展探索，在游戏分享时间开展交流。

5. 可以使用思维导图的记录方式帮助幼儿梳理零散的话语，形成有逻辑、有分类的话题，由教师用规范的语言讲述给幼儿听。记录的思维导图可展示在学习轨迹中。

6. 保持适当的坐位，以便能关注到每一名幼儿，了解他们的活动情况。

七、一问一答

常见问题一：

家长问教师：老师，孩子在幼儿园里只进行晨圈活动，不进行集体教学，学不到东西。

简单粗暴型回答：通过晨圈也能学很多东西，语文、数学、天文、地理都学。

细致专业型回答：幼儿的活动形式应该多种多样，可以是集体活动也可以是小组活动。晨圈是一个集体的活动，比起传统的上课更加自由和宽松，更加容易让幼儿投入和学习。晨圈有明确严谨的目标，涉及自然、科学、数学、艺术、健康等多领域的知识，以谈话的方式开展，还能锻炼幼儿的语言表达能力。

（贺婷撰写）

点心时间

一、关于点心时间

（一）什么是点心时间？

孩子的话：

“吃点心是让我们补充能量，让我们的身体长得棒棒的！”

“吃点心前我们一定要记得洗手，吃完后我们要把自己的点心盘送到清洁桶里！”

“点心时间我们要听到碰铃的信号轮流去点心区吃点心！”

“听到音乐声，我就知道我们的点心时间到啦，我会按照点心提醒标志自己拿取点心！”

教师的话：

基于生活教育的理念，点心时间作为幼儿一日活动中的生活环节，对幼儿的发展有着重要的价值。在点心活动中，幼儿尝试自己取用点心、自己整理，从而享受吃点心、和同伴快乐交流的整个过程。不仅激发了幼儿食用点心的愉悦情绪，提高其生活自理能力，而且培养了幼儿良好的饮食习惯及盥洗等生活习惯，对幼儿的健康成长起着重要的作用，也体现了其主动性和自主性，满足了不同幼儿的不同需求，真正做到让幼儿在“生活”中学习，在“生活”成长，促进幼儿自我服务意识的培养。

（二）目标指引

1. 能听信号进行点心活动，并做好记录，合理安排自己的时间。
2. 帮助幼儿养成良好的饮食、盥洗等生活习惯。
3. 培养幼儿自主服务、自我管理意识及规则意识。

（三）点心时间

年龄段	第一时段	第二时段	第三时段	时间调整日期
夏季	8:50—9:10	9:30—9:50	14:30—14:45	第一学期 9 月 1 日—9 月 30 日 第二学期 5 月 1 日—6 月 30 日
春秋季	9:00—9:20	9:40—10:00	14:30—14:45	第一学期 10 月 1 日—11 月 30 日 第二学期 3 月 1 日—4 月 30 日
冬季	9:30—9:50	10:00—10:20	14:30—14:45	第一学期 12 月 1 日—寒假放假 第二学期寒假返园—2 月 28 日

备注：

1. 鼓励幼儿在规定时间段内吃完点心，对于个别晚来的幼儿或者吃得较慢的幼儿允许他们延长吃点心时间。

2. 对于个别在第一时间段暂时不吃点心的幼儿，可以让其在第二时间段来吃。

3. 保育员需在每个点心时间段前检查点心准备与补给情况。

二、幼儿这样做

1. 能听懂点心环节的音乐；吃点心前知道正确的洗手顺序，能认真把手洗干净后再吃点心。

2. 幼儿按自己的意愿选择需要的点心，尝试自己有序取用点心。

3. 鼓励幼儿安静、有序地食用点心，并注意保持桌面整洁。

4. 合理安排自己的点心时间，吃完点心用信号提醒同伴吃点心。

5. 正确使用点心夹、小剪刀等工具，对于有包装袋的点心尽量自己想办法解决。

6. 用完点心把小椅子推入桌下，送还杯子、点心盘等餐具到固定的位置，做标记后继续回到区域玩游戏。

7. 遇到困难会向同伴或者成人求助。

三、家长这样做

1. 合理安排幼儿在家的作息时间，早睡早起，按时让幼儿吃完早餐来幼儿园，不空腹进园。

2. 如幼儿因过敏或身体原因有不能食用的食物，及时告知老师。

3. 在家帮助幼儿养成良好的饮食习惯，不挑食。

4. 尽量放手让幼儿自己的事情自己做，相信自己的孩子，提高其生活自理能力。

5. 生活中注重孩子卫生习惯的培养，引导幼儿养成餐前洗手的好习惯。

四、教师这样做

（一）岗前准备

1. 教师熟知每个点心时间段，及时播放用点心的音乐。

2. 关注保育员关于点心、点心工具、点心提示牌等方面的准备情况及点心区桌面消毒情况。

3. 利用晨圈时间或者餐后时间指导幼儿用正确的方法洗手、使用点心工具、熟知拿取点心流程。

4. 向幼儿介绍今日点心，鼓励幼儿不挑食，对于特殊幼儿允许少量食用。

（二）环境支持

1. 准备温馨的进餐音乐，在幼儿食用点心过程中播放。

2. 布置舒适的就餐环境：拿取点心的地点要设置在方便幼儿拿取、走动的地方，用点心的桌面要布置得温馨、实用，如放置花卉、餐巾纸等。

3. 点心区的餐具、拿取点心的工具数量充足，符合幼儿的年龄特征。

4. 在点心区布置点心流程图提醒幼儿有序拿取点心，每天更换点心提示牌。

（三）教师分工

1. 教师 A：8:50 播放点心时间提示音乐，协助第一时间段的幼儿自主食用点心（夏季第一批 8:50—9:10、春秋季 9:40—10:00、冬季 9:30—9:50），在生活区关注幼儿点心情况，提醒幼儿洗手、做记录，但不包办代替。

2. 教师 B：9:30 播放点心时间提示音乐，协助第二时间段的幼儿自主食用点心（夏季第二批 9:30—9:50、春秋季 9:00—9:20、冬季 10:00—10:20），在生活区关注幼儿点心食用情况，提醒幼儿洗手、做记录，但不包办代替。

3. 第三时间段点心时间为下午 14:30—14:45，教师 A 关注幼儿餐前饮水、如厕、盥洗情况，教师 B 关注幼儿进餐情况，鼓励幼儿在规定时间吃完，不挑食。

五、后勤管理这样做

（一）保安

保安巡视幼儿园，进行文件收发、外来人员登记等，关注安全。

（二）保育员

1. 点心时间前做好领取点心、餐具等准备工作。每个点心时间段前再自查点心、点心工具、点心提示牌等准备情况并做好点心区桌面消毒工作。

2. 上午点心时间段协助户外教师一起进行幼儿户外活动的管理，定人定区，关注幼儿出汗、饮水、安全、运动量情况。

3. 第二时间段户外活动结束后，进来做好点心用餐后的清洁消毒和整理工作（清洗并消毒喝牛奶、豆浆用的茶杯和保温桶，消毒好后及时放入茶杯架上，点心碟和点心夹放在消毒柜消毒）。

4. 第三时间段下午点心时间负责分发点心。

（三）保健教师

1. 开展班级巡视工作，关注班级点心准备、幼儿点心食用等情况，及时指导。

（四）值班行政

1. 巡视各班点心用餐情况，发现亮点和不足之处，对教师进行指导。

2. 随机督查班级保教人员工作状态。

六、温馨提示

1. 点心领取到班级后，保育员准备点心时需检查点心质量，如发现异常，及时上报给保健教师。

2. 保育员在准备直接入口的食品时戴一次性手套和口罩。

3. 中、大班可以鼓励值日生在食用点心前向同伴介绍今日点心，小班可以由教师带头介绍，逐步过渡到幼儿介绍。引导幼儿爱惜食物，养成不挑食的习惯。

4. 关注每天晚来的幼儿，提醒家长培养幼儿早睡早起的好习惯

5. 教师要巡视幼儿点心食用情况，关注吃点心较慢的幼儿或者不吃点心的幼儿，及时了解原因。

6. 请家长配合共同培养幼儿良好的卫生习惯，如餐前用“七步洗手法”洗手，养成餐后擦嘴的好习惯。

7. 未吃完的点心可以在当天分给其他幼儿，坚决杜绝由成人外带回家。

七、一问一答

常见问题一：

家长问教师：老师，我家孩子回家说不喜欢吃幼儿园的点心面包，可以不要给他（她）吃吗?

简单粗暴型回答：不可以！其他小朋友都喜欢吃的，你家的孩子怎么就不喜欢吃了?

细致专业型回答：好的，我来问问他（她）为什么不喜欢吃?我们幼儿园现在都是自主点心，孩子们可以根据自己的需要拿取（在园与孩子交流不喜欢吃的原因，原来是因为今天来的晚，刚吃过早饭，所以吃不下一个面包）。得知原因后及时与家长沟通孩子不喜欢吃的原因，请家长配合在家培养孩子早睡早起的习惯，每天按时让幼儿吃完早餐来幼儿园。

常见问题二：

家长问教师：我家孩子下午回来吐了，是不是在幼儿园里吃了不干净的东西?

简单粗暴型回答：不可能！是不是在家吃了什么不干净的东西！

细致专业型回答：× × 家长，我们班其他孩子今天跟他（她）吃的是一样的，都没有问题。我还问了其他班的老师，他们也说班级里的孩子都是好好的。而且我们幼儿园的食材都是有资质的供货商专供的，从验收到烹饪再到留样、分发，每个环节都把关得很严格，食品安全问题可以保证。孩子回家呕吐可能是其他原因造成的，先带到医院看看再说。

常见问题三：

家长问教师：老师，我家孩子今天起床晚没有吃早饭，可以多给他（她）一些点心吗？

简单粗暴型回答：不可以！幼儿园的点心都是刚刚好的。

细致专业型回答：好的，我会关注他（她）的。不过，× × 家长，我们以后还是要让孩子从小养成早睡早起的好习惯，吃好早饭再上幼儿园。孩子吃了有营养的早饭，体质才能更好。

（虞惠芳撰写）

游戏分享

一、关于游戏分享

（一）什么是游戏分享？

孩子的话：

“游戏分享就是我们自己说一说今天玩了什么游戏！”

“在游戏分享的时候我可以把我玩游戏的方法介绍给我的朋友们，让别人都知道我的新玩法！”

“每次游戏结束后我们会围坐在一起分享，我们知道要认真倾听别人讲话，了解我的朋友是怎样玩游戏的！”

“分享结束后我们可以用画画的方式把自己的游戏记录下来，老师也会在一旁倾听，用文字把我们的话记录下来！”

教师的话：

“游戏分享”最开始被称为“游戏讲评”或“游戏评价”。在整个过程中幼儿是参与教育评价的重要成员，也是教育评价的主体。随着课程游戏化精神的深入，“分享”一词被运用得越来越多。游戏分享既能激活幼儿与游戏有关的新想法，丰富、拓展游戏内容和情节，提高幼儿的游戏水平，又能让幼儿在语言表达、认知、学习品质等方面获得发展。教师能够借助游戏分享中一对一的交流，更加了解幼儿的游戏水平和游戏背后的原因，帮助幼儿将零散的认知经验进行梳理和重构。幼儿在游戏分享和讨论的过程中可以获得倾听和被他人倾听的机会，表达、修正、改变自己的观点，观点会逐渐变得清晰和丰富，原本个人局限性的知识也会更加完整和立体。

（二）目标指引

1. 在集体中能注意听老师或其他人讲话，听不懂或有疑问时能主动提问，也能结合情境理解一些表示因果、假设等相对复杂的句子。

2. 愿意与他人讨论问题，敢在众人面前说话，讲述时能使用常见的形容词、同义词等，语言比较生动。懂得按次序轮流讲话，不随意打断别人。

3. 知道别人的想法有时和自己不一样，能倾听和接受别人的意见，不能接受时会说明理由。

4. 幼儿能在具体活动中体会合作的重要性，学习分工合作。

5. 能主动发起活动或在活动中出主意、想办法。主动承担任务，遇到困难能够坚持而不轻易放弃。

6. 与别人的看法不同时，敢于坚持自己的意见并说出理由。

（三）游戏分享时间

年龄段	小班	中班	大班	时间调整日期
夏季	10:40—11:00	10:30—11:00	10:30—11:00	第一学期 9 月 1 日—9 月 30 日 第二学期 5 月 1 日—6 月 30 日
春秋季	10:40—11:00	10:30—11:00	10:30—11:00	第一学期 10 月 1 日—11 月 30 日 第二学期 3 月 1 日—4 月 30 日
冬季	10:50—11:10	10:50—11:20	10:50—11:20	第一学期 12 月 1 日—寒假放假 第二学期寒假返园—2 月 28 日

备注：

1. 精心准备有趣的游戏，以公平、随机、轮流的方式进行分享交流。

2. 是游戏分享而非游戏点评，因此，要以幼儿讲述自己的游戏为主，教师不得随意打断、干扰幼儿的自主讲述。

3. 教师以“你在哪里做了什么？有什么发现？”等启发性的话语引导幼儿开展思考、讲述，但不对幼儿的游戏作任何评价。

4. 到了大班，可以尝试小组再分小组的形式分享，引导幼儿自己做“小老师”开展分享活动，让每个孩子分享的时间更多。

二、幼儿这样做

1. 能够积极主动地投入游戏中，能沉浸在游戏中与材料、环境互动，在分享中能表述自己印象最深的游戏瞬间。

2. 理解分享的规则，能够遵守秩序轮流分享，在没有轮到发言的时候愿意耐心倾听。

3. 在分享中，小班幼儿能用固定的分享形式，愿意到台前来介绍自己，在教师的引导下讲述自己今天玩的游戏；中班幼儿能够基本完整地讲述自己的所见所闻和经历的事情，讲述比较连贯；大班幼儿能有序、连贯、清楚地讲述一件事情。讲述时能使用常见的形容词、同义词等，语言比较生动。

4. 在分享的过程中，能够认真倾听同伴的发言，并且能够理解同伴的想法，在遇到困难时能够积极主动地去思考解决问题。

5. 分享结束后能够利用绘画的形式记录今天的游戏过程，并且能够用完整的语言描述游戏的过程。

三、家长这样做

1. 多给幼儿提供倾听和交谈的机会。如：经常和幼儿一起谈论他（她）感兴趣的话题，或一起看图书、讲故事。

2. 每天有足够的时间与幼儿交谈。尊重和接纳幼儿的说话方式，无论幼儿的表达水平如何，都应认真地倾听并给予积极的回应。

3. 结合情境提醒幼儿一些必要的交流礼节。如对长辈说话要有礼貌，客人来访时要打招呼，得到帮助时要说“谢谢”等。

4. 对幼儿良好的行为表现多给予具体、有针对性的肯定和表扬，让他（她）对自己的优点和长处有所认识并感到满足和自豪。

5. 尽量放手让幼儿自己做自己的事情，即使做得不够好，也应鼓励并给予一定的指导，让他（她）在做事中树立自尊和自信。

6. 鼓励幼儿尝试有一定难度的任务，并注意调整难度，让他（她）感受经过努力获得的成就感。

四、教师这样做

（一）岗前准备

1. 教师 A 在幼儿游戏的过程中需要关注幼儿与材料、环境的互动，捕捉幼儿在游戏中的闪光点，或者遇到的困难、挑战，关注幼儿解决问题的能力。

2. 教师 B 关注户外游戏的幼儿，在安全的前提下鼓励幼儿大胆尝试不同的运动项目；当幼儿开展户外探索时要及时用拍照、摄像等方式记录，了解幼儿探索的兴趣点，以便后续开展支持。

3. 关注幼儿连续性的游戏，可以关注同一幼儿在游戏中的不同表现或进步的地方，也可以关注不同幼儿在同一游戏中的表现。

4. 教师针对今天观察的幼儿游戏做到心中有数，对幼儿的游戏经验进行及时的梳理与提炼。

5. 准备好记录的笔与记录本，记录幼儿关注或解决的问题。

（二）环境支持

1. 营造愉悦、鼓励、支持的交流氛围，一般是请孩子们拿着地垫围坐成圈进行分享，到了大班下学期则坐小椅子开展分享活动。

2. 每两周更换一次分享的形式，例如用抽签、报数、轮流等方式开展分享。

3. 允许幼儿带自己的作品，可以根据作品自由介绍今天在游戏中的想法。

4. 非必要不使用电子屏幕，可以直接携带作品分享或者利用教师的手机里的照片了解幼儿的游戏作品。

（三）教师分工

1. 教师 A 和 B：分别组织室内和户外的幼儿在不同的地方分组开展游戏分享。

2. 提炼幼儿的话语，使之完整、有序。鼓励每一个幼儿都能大胆表达。

3. 小班幼儿的自制力相对较弱，教师应侧重于帮助他们理解角色和遵守游戏规则，养成良好的游戏习惯。中班幼儿已具有一定的游戏经验，游戏分享应侧重加强角色交往。大班幼儿游戏经验丰富，并且能够基本遵守游戏规则，在游戏中与同伴积极互动，应该鼓励他们思考游戏的主题和内容，重视和支持新的游戏想法和创意。

4. 记录幼儿感兴趣的话题，关注幼儿的个别表现，发现幼儿的进步。

五、后勤管理这样做

（一）保安

保安巡视幼儿园，关注安全。

（二）保育员

1. 为幼儿的桌子进行消毒，做好餐前准备工作。

2. 开展饭菜的领取工作，检查菜品并签字。

3. 关注幼儿的餐前活动，引导幼儿洗手，做好饭前准备工作。

（三）保健教师

1. 开展班级巡视工作，指导保育员的消毒工作

2. 餐前巡视食堂，重点关注菜品质量。

（四）值班行政

1. 巡视各班游戏分享情况，关注教师游戏分享的质量与记录情况。

2. 10:50 到食堂检查菜品质量，并签字。

六、温馨提示

1. 教师应当根据幼儿的年龄特点有侧重点地开展分享活动。

2. 分享的形式不宜频繁地更换，2 周更换一次即可，让幼儿对分享的模式有适应阶段，有仪式感。

3. 教师在分享前要关注幼儿的游戏，观察幼儿的游戏状态，把握幼儿的游戏水平，洞悉幼儿在游戏中遇到的困难、挑战等，做到心中有数。

4. 在幼儿分享的过程中教师不要随意打断、提问，等待孩子表述完再进行补充性提问或者扩充，帮助孩子提炼经验。

5. 教师要多提开放性问题，把分享的主动权还给孩子。当孩子在表述中讲到无法解决的问题时，可以把问题抛给同伴一起解决。

6. 教师在倾听幼儿分享的过程中要注意语言的提炼，一些好的词语、句子可以着重拎出来强调。

7. 大班幼儿在分享时可以使用小椅子，并适当延长分享的时间，与小学的上课模式衔接。

七、一问一答

常见问题一：

家长问教师：为什么你们不上课？分享能学到知识吗？

简单粗暴型回答：这就是我们幼儿园的上课模式，你们不懂！

细致专业型回答：我们教师开展分享活动，是将孩子们在游戏中遇到的问题集中起来一起讨论，看起来好像没有具体的教学内容，但是幼儿就是在自己熟悉的游戏操作中发现问题、展开讨论、探索问题、解决问题的，这是孩子自发的学习能力。我们利用分享这个环节就是帮助幼儿解决他们自己的问题，也引导孩子能利用更好的方式去处理问题。我们这里学习的不是死板的知识，而是使其终身受益的能力和学习品质。

常见问题二：

家长问教师：我们家孩子上课认真听讲吗？是不是经常开小差？

简单粗暴型回答：你家孩子上课是不怎么认真，经常做小动作！

细致专业型回答：现在的课堂与以前的课堂已经有所不同了，我们现在称之为“集体活动”“小组活动”，不像以前传统意义上的“上课”了。我们活动的氛围更加轻松，目的也是鼓励孩子愿意大胆开口表达。我们也不会以“认真听讲”来衡量一个孩子的学习能力，您认为他（她）在说悄悄话，其实他（她）可能在和同伴讨论问题的解决方法；您以为他（她）每天都是在幼儿园瞎玩，其实他（她）通过自主探索已经了解了磁铁的秘密和沉浮的概念。有一天您会发现孩子好像对汉字很感兴趣，或者对数字很敏感，那么您就可以试着抓住孩子的兴趣点去鼓励他（她），表扬他（她），引导他（她）。孩子们的学习不仅在教室中，而是在大自然、大社会里。

常见问题三：

家长问教师：马上要上小学了，我要不要让他（她）去上外面的补习班？

简单粗暴型回答：随便你们报不报，反正不报的话到了小学跟不上！

细致专业型回答：“幼小衔接”是当下非常热门的话题，但是家长不能把幼小衔接单纯地认定为学拼音、学算术，“幼小衔接”是一个长期的过程，可以说我们幼儿园三年都在做这个工作，孩子们学习整理柜子、按时上学不迟到、有良好的阅读习惯和书写习惯、有自主学习的能力等，这些都是“幼小衔接”的重要组成部分。而且现在小学从教材、上课的方式等方面也在改变，家长也不需要太焦虑，顺其自然，让孩子拥有良好的学习品质和学习能力才是最重要的事情。

（张涵撰写）

过渡环节

一、关于过渡环节

（一）什么是过渡环节？

孩子的话：

“是我们平时吃完点心、吃完饭休息的这段时间。”

“我们可以发发呆、唱唱歌，自己喝喝水、洗洗手！”

“过渡就是从一件重要的事到另一件重要的事！”

教师的话：

过渡环节是幼儿在园一日活动中，结束上一个活动进入下一个活动之间的间隙，是幼儿园一日生活的重要环节，也是联系幼儿生活活动、学习活动、游戏活动的纽带，具有承上启下的作用。比如：幼儿到园和离园的环节、集体活动和区域活动之间的转换、游戏和餐点之间的过渡等。两个活动之间形成过渡环节的原因主要是前面的活动和后面的活动在空间上需要移动，会出现转换顺序的先后和转换速度的快慢，如果下一个活动需要统一时间开始就会出现过渡环节。《纲要》中提出“尽量减少不必要的集体行动和过渡环节，减少和消除消极等待现象”。因此，需要针对客观存在的过渡环节进行计划和组织，以更好地实现该环节对幼儿的发展价值。

（二）目标指引

1. 提供自我服务、自我管理的机会，让幼儿根据自己的需要安排活动内容和顺序，从中发现规律、总结经验。

2. 过渡环节要能够满足幼儿的情感需求，引导幼儿自己制定规则并遵守。

3. 创设游戏化情境，让幼儿在轻松、舒适的心情之下为下一活动做准备。

4. 为幼儿创设同伴之间的交往和学习机会，发挥同伴作用，促进幼儿共同发展。

（三）过渡环节重点关注

1. 幼儿按照自己的需求和意愿，自主选择吃点心、喝水的时间。

2. 饭前便后要洗手，要保证幼儿一天的饮水量不少于 700 ～ 800 毫升，每天午睡时间达到 2 小时左右，可以根据幼儿年龄、季节的变化和个体差异适当调整。

3. 过冷或过热的季节应适当进行调整，教师也可根据幼儿游戏的活动内容和个体差异进行调整。

4. 幼儿有自我安排与选择的自由。

5. 鼓励幼儿在幼儿园如厕，必要时进行指导，消除幼儿的心理隐患。

二、幼儿这样做

1. 自主选择喝水的时间，少量、多次喝水。

2. 有如厕需求时自主如厕，如需老师帮忙会用语言表达需求。

3. 如厕时不抢蹲位，人多时学会等待，注意安全不摔倒。

4. 餐后愿意选择阅读、玩具、手指游戏等活动，安静有序地边玩边等待同伴，不影响他人就餐。

5. 遵守生活规则，关注活动安全，有自我保护意识，保证自己或提醒他人不做危险的事，一旦发生安全问题，会向成人求助。

6. 等待中可自主地喝水、如厕，如需离场要告知教师。游戏结束时，会归类、收纳、整理玩具，并带上自己的物品，有序离开。

三、家长这样做

1. 经常提醒幼儿饮水，养成喝白开水的习惯。

2. 给予幼儿自主安排自己活动的时间，不介入、不干涉。

3. 提醒幼儿有需要即可如厕、喝水等。

4. 为幼儿准备好一套换洗的衣服。

5. 水壶要每天清洗消毒，不放任何饮料。

四、教师这样做

1. 合理调控活动空间，利用走廊、区角、活动室等地方，让幼儿分散活动。

2. 组织与主题活动相关联的游戏活动，激发幼儿参与活动的兴趣，让每个幼儿有事可做。

3. 采用“喝水加油站”、餐前菜谱介绍、离园故事分享等内容丰富的过渡环节，减少消极等待。

4. 以自由、宽松的形式开展过渡活动，丰富幼儿体验。

5. 利用晨圈时间、小组活动等方式指导幼儿如厕、洗手，张贴七步洗手的图片。

五、后勤管理这样做

（一）保安

保安巡视幼儿园，关注安全，进行小型的维修、花草修剪、水池清洗等工作。

（二）保育员

1. 关注幼儿活动，帮助幼儿垫好汗巾，并提醒幼儿注意饮水、休息。

2. 关注幼儿喝水情况，对体弱幼儿、生病恢复期幼儿进行提醒。

3. 关注幼儿如厕情况，帮助个别幼儿正确如厕，教给幼儿正确整理衣物的方法。

4. 对室内卫生洁具、水杯、餐具等及时清洗和消毒，保证幼儿一日活动中饮水、点心、午餐等的卫生和安全。

（三）保健教师

1. 开展班级巡视工作。

2. 了解幼儿不同年龄段、不同季节的饮水情况并做记录和分析。

3. 关注幼儿饮食卫生和点心、午餐的量是否适宜，并能够有计划地调整。

4. 重视班级卫生清洁、消毒等工作，指导并监督保育人员按照卫生保健规范做好常态化消毒工作。

（四）值班行政

巡视各班生活活动，发现活动的亮点和不足之处，对教师进行指导。

六、温馨提示

1. 幼儿每天将自己的水壶放在固定的地方。

2. 教师要提醒喝完水壶里的水，天气炎热时可以二次灌水。

3. 积极开展入园适应的课程，指导幼儿正确如厕、倒水。

4. 鼓励幼儿自主地安排自己的时间开展活动。

5. 给幼儿营造一个宽松、自由、愉悦的班级环境和心理环境。

七、一问一答

常见问题一：

家长问教师：老师，孩子感冒刚好，帮我提醒孩子多喝水。

简单粗暴型回答：教室保温桶内一整天都有水的，孩子想喝水可以自己去倒。

细致专业型回答：幼儿园一天中都会提供温开水，我们有统一喝水的时间，比如户外活动后，点心时间之前；也有孩子自主喝水的时间，一天中随时都可以。老师和保育员都会关注和提醒孩子喝水，请家长放心。

常见问题二：

家长问教师：老师，我家孩子如厕不会擦屁股，怎么办？

简单粗暴型回答：你们要在家里教会孩子，幼儿园这么多孩子，老师顾不过来！

细致专业型回答：您别担心，自理能力弱一点的孩子，如厕时保育员都会特别关注，会提醒和帮助他（她）学会方法。随着孩子长大，家长也要鼓励孩子自己学会基本技能。一段时间后，孩子都可以学会。

常见问题三：

家长问教师：老师，我家孩子比较挑食，在学校会不会吃不饱？

简单粗暴型回答：你家孩子确实挑食，很多菜都不吃，老师也没办法。

细致专业型回答：孩子偏好自己喜欢的菜，有些挑食是很正常的行为，我们会通过儿歌、故事、菜谱介绍等多种方法让幼儿了解蔬菜、喜欢蔬菜，也会在就餐后及时鼓励、肯定幼儿好的就餐习惯。相信经过一段时间的引导，通过家园配合教育，孩子一定会养成好的习惯的。

（张素英撰写）

午餐时间

一、关于午餐时间

（一）什么是午餐时间？

孩子的话：

“午餐时间就是我们全班小朋友一起吃午饭！”

“午餐时间前老师会带我们念儿歌、唱歌、做韵律！”

“游戏分享结束后，我就知道午餐要开始啦，我会去洗手、自己打饭、安静用餐！”

教师的话：

陈鹤琴先生曾说：“凡是儿童能自己做的，应该让他（她）自己去做；凡是儿童自己能想的，应该让他（她）自己去想。”“自主午餐”是幼儿一日活动的重要组成部分，也是幼儿园课程游戏化改革六个支架中的主要内容，更是培养幼儿自我管理、提升动手能力、养成良好生活习惯的必要途径，是需要幼儿园和家长特别关注的环节。

幼儿通过自主进餐，能够主动地学习一些力所能及的生活技能，学习合理有序地安排自己的生活，获得分享、轮流、排队、秩序等内化的社会性发展。作为教师和家长，我们应该发现幼儿的能力，相信幼儿，把更多的自主还给幼儿。

（二）目标指引

1. 养成良好的生活、卫生习惯，有基本的生活自理能力。

2. 学会正确使用餐具、安静愉快地进餐。锻炼自我服务、自我整理的习惯与能力。

3. 珍惜粮食，懂得“粒粒皆辛苦”的道理，不随意浪费饭菜。

4. 积极参与进餐的多个环节，开展值日生服务工作。

（三）午餐时间时间

年龄段	小班	中班	大班	时间调整日期
夏季	11:00—12:30	11:05—12:30	11:10—12:30	第一学期 9 月 1 日—9 月 30 日 第二学期 5 月 1 日—6 月 30 日
春秋季	11:00—12:30	11:05—12:30	11:10—12:30	第一学期 10 月 1 日—11 月 30 日 第二学期 3 月 1 日—4 月 30 日
冬季	11:00—12:30	11:05—12:30	11:10—12:30	第一学期 12 月 1 日—寒假放假 第二学期寒假返园—2 月 28 日

备注：

1. 餐前按要求盥洗，养成良好的卫生习惯。

2. 幼儿按照自己的需要，自主选择午餐食用的量。

3. 保证幼儿在午餐时摄入适量的饭菜，教师观察指导幼儿进餐，避免出现挑食的不良习惯。

4. 用餐时保证桌面整洁，如有打翻饭菜的情况要学会自主清理。

5. 幼儿就餐结束后，鼓励幼儿自己收拾餐具，将餐具分类摆放在餐桶中。通过此环节，培养幼儿的分类能力。

二、幼儿这样做

1. 积极参与集体讨论进餐公约。

2. 在餐前准备时按要求进行盥洗。

3. 盥洗结束后取餐具自主打饭，选择适宜的量，回到自己的座位安静用餐，不嬉戏打闹。

4. 用餐时细嚼慢咽，不浪费粮食，开展“光盘行动”。

5. 幼儿就餐结束后，自己收拾餐具，将餐具分类摆放在餐桶中。

6. 幼儿到盥洗间漱口、擦嘴。

三、家长这样做

1. 引导幼儿养成饭前便后洗手的好习惯。

2. 一日三餐时间相对固定，给幼儿专门的进餐座位，选用幼儿喜欢的餐具。

3. 每次进餐时间一般不超过 30 分钟，超时进餐随即停止供应食物，三餐以外不给幼儿吃零食。

4. 不包办喂食幼儿，培养幼儿自主进餐的能力。

5. 鼓励幼儿配合发放和收拾整理餐具。

四、教师这样做

（一）岗前准备

教师创设一个舒适的用餐环境，提供音乐，组织过渡，注重规则的培养。可以开展读绘本、讲故事等活动，也可以邀请幼儿表演韵律、讲故事等。老师可以坐到孩子的座位上做一位倾听者、陪伴者。营造愉快、安静的进餐环境，介绍或邀请值日生介绍今日菜谱。

（二）环境支持

1. 提供足够数量、种类不同的打饭工具。

2. 进餐时播放安静的音乐，营造温馨、愉快的进餐环境。

3. 有一份已经打好的、可作示范的饭菜量；或有适合的打饭工具，有固定的量。

（三）教师分工

1. 教师 A：组织餐前过渡环节，组织值日生或由教师向幼儿介绍今日菜谱。

2. 教师 B：参与用餐环节，开展个别指导。关注幼儿打饭情况，提醒幼儿进餐速度并纠正不良进餐习惯。

五、后勤管理这样做

（一）保安

对于中午接回家吃饭的幼儿，保安要关注家长的登记情况，与教师做好交接。

（二）保育员

1. 餐前按要求进行桌面消毒、取餐具。
2. 按时到取餐口取餐。
3. 将餐具、饭菜放到固定的自主打餐桌上供幼儿自主打餐。
4. 配合教师指导幼儿打餐，指导幼儿餐后擦嘴、漱口。
5. 收拾整理餐具、清洗、消毒，清扫教室桌面、地面。

（三）保健教师

1. 开展班级巡视工作。
2. 记录饭菜剩余情况，及时调整饭菜用量。
3. 观察饭菜质量，记录各班用餐情况。

（四）值班行政

1. 进班陪餐，巡视各班午餐情况。
2. 随机督查教师工作状态。
3. 查看各班饭菜剩余情况，反馈给保健教师。

六、温馨提示

1. 教师应当组织好游戏分享和餐前的过渡环节。

2. 午餐配送到教室后，教师检查饭菜质量，如发现饭菜中有异物或变质气味，请立即把相关情况上报给保健教师。

3. 中、大班可请小小值日生播报午餐菜品，并介绍菜品的营养价值，引导幼儿养成不挑食的好习惯。

4. 午餐前了解全班幼儿身体状况，如有过敏、肠道不适、感冒等特殊情况的幼儿，提前备好病号餐。

5. 教师观察幼儿自主打餐情况，关注打餐有困难的幼儿，必要时以适宜的方式给予引导、帮助和鼓励。

6. 用餐时教师需要不断巡视，如有幼儿发生呕吐、打翻饭菜等情况及时请保育员协助整理。

7. 盛汤环节请把餐车推至幼儿饭桌前，汤碗注意绕过幼儿身体，避免烫伤幼儿。

七、一问一答

常见问题一：

家长问教师：老师，孩子在幼儿园里自己打饭，他（她）会打吗？

简单粗暴型回答：现在的幼儿园文件上就是这样要求的！

细致专业型回答：幼儿通过自主进餐，能够主动地学习自己的事情自己做，有条理地安排自己的生活，学习进餐的规则和秩序。作为家长，我们要学会放手，相信幼儿的能力，把更多的自主权还给幼儿，他们才能成长得更好。

常见问题二：

家长问教师：老师，我家孩子回来怎么总是喊饿，他（她）在幼儿园没有吃饱吗？

简单粗暴型回答：他（她）饭菜都吃完了，不知道怎么还饿，他（她）是不是撒谎想吃零食！

细致专业型回答：您不要担心，幼儿园每天户外活动时间有 3 个小时，孩子在正常用餐后，可能当天在园的活动量大，导致孩子一回家就出现喊饿的现象。请您放心，幼儿园的“一餐两点”都严格按照营养分析制定的食谱来提供，保证孩子吃得饱、吃得健康、吃得有营养。如果他（她）在园确实没有吃饱，我们会提醒他（她）添饭，有情况我们再联系！谢谢您的配合！

常见问题三：

家长问教师：老师，我家孩子回来怎么吐了，是不是幼儿园吃的东西不新鲜？

简单粗暴型回答：不可能吧，他（她）会不会是在家吃了什么才吐的？

细致专业型回答：我们幼儿园的食材都是由有资质的供货商专供的，从验收到烹饪到陪餐到食品留样，每个环节都很严格，食品安全问题可以保证。

孩子的肠胃比较敏感，呕吐肯定是哪里不舒服了，最近您家孩子身体状况都还好吗？先带孩子去医院看下呕吐的原因，我也问下班上其他幼儿是否有类似情况，再跟您联系！

（汪文雅撰写）

散步时光

一、关于散步时光

（一）什么是散步时光？

孩子的话：

“散步就是帮助我们消化食物的！”

“散步就是我们可以吃过饭一起出去玩！”

“在我散步的时候我就可以做我喜欢的事情。吃完饭，我可以直接去看我养的小仓鼠。”

“散步回来后我可以利用这段时间记录我的发现！”

教师的话：

在幼儿园里，散步是一项较轻松的活动，师生的心情也很舒畅、愉快。虽然散步活动在幼儿园的一日活动中所占的时间不长，但它也是幼儿一日活动中的必要环节。充分利用好散步活动，挖掘该环节的教育潜能，不仅可以使幼儿有更多的机会接触社会和自然，而且还可以开阔幼儿的视野，增长幼儿见识，培养幼儿的观察力、想象力、记忆力，发展幼儿的口语表达能力，培养幼儿与外界的交往能力。

课程游戏化的背景下，一日生活的每个环节都可以成为教育内容。幼儿散步活动便是如此，只要用心用情，从幼儿视角进行思考和改进，就能让幼儿具有更多的自主权利，而课程也会弥漫出动人的童真童趣。

（二）目标指引

1. 满足身体、户外活动需要，以保证幼儿身体健康成长，并增强身体适应能力。

2. 能保持安定、愉悦的情绪，对散步期间的活动能投入其中。

3. 爱护动植物，关心和发现周围环境中的变化，在大自然中观察、探索与感受。

4. 中、大班的幼儿学习自己安排自己的散步时间。

（三）散步时光时间

年龄段	小班	中班	大班	时间调整日期
夏季	11:30—12:30	11:30—12:30	11:30—12:30	第一学期 9 月 1 日—9 月 30 日 第二学期 5 月 1—6 月 30 日
春秋季	11:40—12:30	11:40—12:30	11:40—12:30	第一学期 10 月 1 日—11 月 30 日 第二学期 3 月 1 日—4 月 30 日
冬季	11:40—12:30	11:50—12:30	11:50—12:30	第一学期 12 月 1 月—寒假放假 第二学期寒假返园—2 月 28 月

备注：

1. 幼儿按照自己的兴趣和需要，自主选择不同的散步方式，教师可分组带领幼儿活动。

2. 教师要根据季节、天气等状况适当进行调整，同时照应个别身体不适的幼儿。

3. 提醒幼儿在散步过程中注意安全，杜绝激烈的活动。

4. 散步归来后可以开展游戏，并进行睡前各项准备活动。

二、幼儿这样做

1. 吃完午餐后能独立地把自己的位置收拾干净并将碗筷放入专门的桶内，然后去卫生间进行饭后漱口并擦拭。

2. 按照意愿和需要选择室内或室外活动，愿意与同伴分享游戏中的发现与经验。

3. 能在观察、阅读、探索中进行安静的活动。

4. 在散步过程中，愿意与教师及同伴自主交流，在大自然中观察、探索与感受。

5. 关注活动安全，有自我保护意识，能够保证自己或提醒他人不做危险的事，一旦发生安全问题，会向成人求助。

6. 在分组散步活动时，幼儿也可进行种植活动、游戏记录活动等，也可以散步回来开展游戏记录活动。

三、家长这样做

休息日、晚饭后可带孩子开展散步活动，与幼儿自然地交流幼儿园发生的趣事。

四、教师这样做

（一）岗前准备

1. 关注天气情况，太阳较大的话可选择带领幼儿在阴凉地方活动或戴上遮阳帽避免过强的紫外线，如果是雨天则在室内开展活动。

2. 可提前准备种植、观察、记录表现的材料与工具。

（二）环境支持

1. 园所内需种植一年四季的植物品种，以丰富的自然环境满足幼儿的兴趣与观察的需要。

2. 室内室外有随时可休息的场地，满足幼儿机体的需要。

3. 班级区域、植物角、动植物园提供游戏记录本，幼儿可随时进行探索观察记录。

（三）教师分工

1. 教师 A 和 B 可分组带领幼儿开展户外散步活动。同时关注外面的温度是否适宜，不可长时间在过冷或过热的环境下散步。散步中可开展安静的观察、交流等活动。

2. 也可以由一名教师组织散步，另一名教师带领部分幼儿开展小组活动，如种植活动、游戏记录活动等。

3. 在幼儿自主选择的基础上关注幼儿前期经验、兴趣和发展水平，在与幼儿互动和交流中捕捉幼儿的兴趣点和遇到的问题，在后续中可做出有效支持。

五、后勤管理这样做

（一）保安

关注回家吃饭的幼儿返园的情况。

（二）保育员

1. 协助教师指导幼儿餐后洗手、漱口、擦嘴。

2. 做好餐后桌面、地面的清洁卫生工作（用洗洁精水将桌面油污清洗干净，再用清水擦拭；地面采用湿扫，将垃圾清扫干净）。

3. 统一在洗消间清洗餐具（碗、调羹、筷子）、餐车，再送至食堂消毒。餐具采用“一刮、二洗、三冲”的方式将残渣油渍清洗干净；餐车每日用洗洁精清洗干净（去油污）。

4. 打扫活动室卫生，做洗消工作。

（三）保健教师

开展班级巡视工作，关注各班是否有剩饭剩菜现象，做好登记，并询问原因。

（四）值班行政

1. 巡视各班散步情况，尤其要杜绝组织幼儿看电视、无所事事等现象。

2. 记录陪餐情况。

六、温馨提示

1. 有的幼儿可能为了赶上第一批次的同伴，匆匆吃几口饭就追跑出去，甚至嘴里的饭菜还没吃完就进行散步。所以，教师需要格外注意帮助幼儿养成良好的用餐习惯，保证餐后活动安全。

2. 餐后用温开水漱口，漱口时提醒幼儿不要把水吞进去，也不要把水吐到衣服上；再用毛巾擦拭干净，养成餐后漱口的好习惯。

3. 散步前组织幼儿排好队，清点好人数。

4. 提醒幼儿上下楼应注意靠右行走，且有序安全慢行，注意脚下台阶，做到拥挤、不拉扯。

5. 老师应关注每一位幼儿的动向，不让幼儿超出视线范围。

6. 教育幼儿餐后不做剧烈运动，不追跑打闹，教师可组织幼儿进行阅读等安静、轻松的活动。

7. 允许幼儿按照自己的需要，选择参与小组式或个别化的餐后散步方式。

8. 如遇特殊天气，可开展安静活动。散步归来后可进行游戏表征活动，

9. 散步结束后教师应组织幼儿洗手，然后清点好人数，排好队，有序地进入教室。

10. 坚决杜绝闲聊、空岗现象。

七、一问一答

常见问题一：

家长问教师：老师，幼儿园里为什么要散步，让他们自己玩玩不好吗？

简单粗暴型回答：这就是幼儿园的安排！

细致专业型回答：组织幼儿餐后散步在科学上是有一定依据的。可以帮助幼儿促进消化、改善新陈代谢、增强肺通气、增强适应能力、改善睡眠质量等，而且在这个过程中也能增进同伴关系、师幼关系，促进他们在语言、科学、认知等领域全面发展。但如果让他们随意地玩耍，部分幼儿很有可能会互相打闹，产生剧烈运动，无论在安全还是健康方面都是不可取的。

常见问题二：

家长问教师：老师，孩子一般散步要多长时间？

简单粗暴型回答：我也搞不清，随便转转吧！

细致专业型回答：饭后具体散步多长时间最为适宜并没有严格限制，一般散步 15 分钟左右，同时我们还会开展一些观察、种植、交流、记录等活动，这样基本上会有一个小时左右的时间。当然，我们还会根据季节、天气、幼儿身体状况调整散步时间。

常见问题三：

家长问教师：老师，在家里吃过饭除了散步还可以怎么做呢？

简单粗暴型回答：自己回去上网查，网上都有。

细致专业型回答：我们在幼儿园里会带小朋友认识其他班级的哥哥姐姐，参观幼儿园里的其他区角和游戏场地，还可以去户外观察动植物。我觉得您也可以借鉴类似的做法，带孩子一起照料家里的小菜园、收集小树叶、看看绘本、做一些比较安静的游戏等，都是可以的。

（夏莉撰写）

午睡

一、关于午睡

（一）什么是午睡？

孩子的话：

“午睡就是中午吃完饭，全班小朋友躺在自己的床上睡觉！”

“午睡的时候老师会给我们讲睡前故事！”

“听到午睡的音乐，我就知道要开始午睡啦。我会自己脱外套、鞋子并整理好放到指定的位置！”

教师的话：

随着社会的进步和人们生活水平的提高，家长们对幼儿的身体健康、心理健康越来越关注。有研究表明，睡眠是一种生理性保护，由于幼儿的年龄特点和生理特点，对外界的各种声光刺激容易产生疲劳，所以睡眠时间要较成人更久。如果幼儿不喜欢午睡、睡眠不足，会感到精神疲倦、烦躁不安，且吃饭不香、爱发脾气。这不但会影响幼儿的生长发育，同时还会影响智能发育。而睡眠充足的孩子做任何事情都精力充沛，情绪愉快，食欲好，长得健康。有一个健康的身体是幼儿身心健康发展的前提，因此我们要做好幼儿的午睡工作，帮助幼儿养成良好的睡眠习惯。

（二）目标指引

1. 喜欢在幼儿园午睡，能独立入睡。

2. 懂得午睡对身体有益，养成按时午睡的习惯。

3. 做好如厕、衣物等方面的睡前准备。逐步学会有顺序地穿脱衣裤，并将衣物放在指定的地方。

4. 倾听故事、儿歌等，安静入眠，不蒙头、吮手、咬被角等。

5. 入睡时盖好被子，避免着凉，保持安静，尽快入睡。

6. 知道正确的睡姿有益健康，入睡时能保持睡姿正确。

7. 按时起床，不拖拉，不等待，学习整理床铺。

（三）午睡时间

环节	夏季	春秋季	冬季
午睡	12:30—14:20	12:30—14:10	12:30—14:10

备注：

1. 幼儿中午的睡眠时间一般应达到 2 小时左右，可根据幼儿的年龄、季节的变化和个体差异适当调整。

2. 能分清衣裤前后，会拉拉链、扣纽扣、折叠衣物，会穿脱鞋子、分清左右。

3. 教师要提醒幼儿有便意、身体不适或发现同伴有异常情况时及时告诉教师。

4. 大班下学期可适当缩短午睡时间，进行入学准备。

二、幼儿这样做

1. 知道午睡对身体有益，养成按时午睡的习惯。

2. 在园能够独立午睡，有良好的情绪，睡前能够自主如厕、脱衣裤并放到指定的位置。

3. 养成良好的睡眠习惯，安静入眠，不蒙头、吮手、咬被角等。

4. 幼儿有便意、身体不适或发现同伴有异常情况时及时告诉教师。

5. 听到起床的音乐声能及时起床，不拖拉，不等待，学习整理床铺。

6. 学习拉拉链、扣纽扣，会穿脱鞋子，自主穿好并整理好衣服和鞋子。在不会的情况下及时请老师和保育员帮助。

三、家长这样做

1. 教育同步，引导幼儿周末在家继续保持良好的午睡习惯。

2. 引导幼儿自己的事情自己做，学习穿衣裤、穿鞋袜。

3. 必要时为幼儿准备一双备用的鞋袜和干净的衣服，以便不时之需。

4. 如果幼儿有发热、惊厥、癫痫等疾病及时告知教师，不隐瞒。

5. 如果在午睡过程中有突发情况，教师会第一时间通知，因此要保证通讯顺畅。

四、教师这样做

（一）岗前准备

1. 教师 A 关注幼儿如厕、睡前准备情况。

2. 教师 B 做好睡前午检工作，关注幼儿的精神状况，是否健康。

（二）环境支持

1. 拉上窗帘，营造安静的入睡氛围。

2. 播放轻音乐或故事，引导幼儿睡前倾听。

3. 根据天气情况提前打开电扇或空调。

（三）教师分工

1. 教师 A：组织幼儿睡前小便，安静地进入寝室。指导、帮助幼儿有序地穿脱、折叠衣物，放在指定位置。

2. 教师 B：巡视观察，帮助幼儿盖好被褥；纠正不正确睡姿；照顾入睡困难、有特殊需要的幼儿。观察每个幼儿的入睡情况，保证幼儿不蒙头、口、鼻等，避免危险的发生，制止幼儿不良习惯。

3. 午睡起床后，教师协助幼儿检查衣着是否穿得正确、整齐。

五、后勤管理这样做

（一）保安

1. 保安 A 做好幼儿园巡视工作，关注安全，尤其是中午高温时电瓶车的充电情况。

2. 保安 B 继续关注门卫室，做好值班工作，关注教职工中午外出及返回情况。

3. 关注个别幼儿下午返园情况。

（二）保育员

1. 室内卫生清洁消毒。打扫户外场地大型玩具和公共保洁区卫生。

2. 关注个别幼儿如厕情况。

3. 当教师有其他任务时，及时补位，做好午睡巡视工作。

4. 13:50 领取餐具，14:00 领取餐点（小、中班 14:00，大班 14:05)，做好下午点心准备工作。

（三）保健教师

1. 开展班级午睡巡视工作。

2. 对突发情况做好应急处理。

（四）值班行政

1. 巡视各班午睡情况，及时发现午睡情况中的亮点和不足之处。

2. 随机督查教师午睡值班情况。

3. 关注午睡过程中的突发情况，并及时做好应急处理。

5. 将午睡巡视情况写入值班行政管理视导表。

六、温馨提示

1. 教师应当特别关注对体弱幼儿的护理，针对多汗的幼儿可在睡前在其背部垫上干毛巾，毛巾汗湿后要及时拿掉。

2. 对个别入睡困难的幼儿，应随时调整教育策略，可让其晚睡或早起。

3. 对于尿多、睡前喝水的幼儿应提醒其及时如厕，防止尿床。若如厕时间超过 2 分钟，教师应去盥洗室查看原因。小班幼儿如厕时应有教师跟随。

4. 值班人员尽量靠近入睡难、生病、吃药的幼儿，有利于观察。

5. 幼儿睡间起床小便时，为幼儿准备好小拖鞋；春秋季应备背心，冬季准备棉背心，避免幼儿感冒。

6. 夏、冬季节，活动室应在幼儿午睡起床前 20 分钟开空调，调整温差。

7. 对于不愿意午睡的幼儿，教师要有个别化的对待措施，由不值班的教师或保育员开展陪护工作。

七、一问一答

常见问题一：

家长问教师：老师，我家孩子在家里不睡午觉，怎么管都不行。孩子在幼儿园睡午觉吗?

简单粗暴型回答：在幼儿园午睡的呀！在家时家长也要让孩子午睡！午睡习惯要和幼儿园一致!

细致专业型回答：幼儿午睡是幼儿园一日活动中的重要环节，良好的睡眠对促进幼儿身体正常发育起着重要的作用。孩子经过一上午的活动，身体疲惫，消耗量大，比较容易入睡。在幼儿园时，老师会引导孩子养成良好的午睡习惯。您可以利用睡前听故事或者音乐等方式，帮助孩子安静入睡。

常见问题二：

家长问教师：老师，我家孩子在幼儿园睡了午觉，晚上回家不肯睡觉，怎么办？

简单粗暴型回答：孩子在幼儿园是肯定要睡午觉的！不睡的话，下午的活动就会没有精力参加。

细致专业型回答：科学研究表明，我们要保证孩子每天的睡眠时间达到11～12个小时。我们会根据孩子的年龄、个体差异适当调整午睡时间，比如让孩子晚睡或者早起。幼儿午睡很重要，睡眠时他（她）的身体、大脑及神经系统都在进行调节，有利于孩子的生长发育。当然，如果孩子确实精力旺盛，不想午睡，我们也会根据孩子的情况安排独立开展活动。

常见问题三：

家长问教师：老师，孩子为什么一在学校睡午觉就容易感冒？

简单粗暴型回答：孩子感冒的原因很多，不会睡个午觉就感冒的。

细致专业型回答：孩子在园午睡会有专门的值班老师进行看护，及时帮孩子盖好被子，关注孩子的睡眠情况，不用担心孩子会因为受凉感冒。孩子感冒可能会有各种原因，所以我们要保证孩子营养摄入均衡，提高身体素质，养成良好的卫生习惯和睡眠习惯，从而增强抵抗力。

（金亚云撰写）

小组活动

一、关于小组活动

（一）什么是小组活动？

孩子的话：

“小组活动就是我们几个小朋友在一起分享自己玩过的游戏！”

“小组活动时老师会带我们读绘本、讨论事情！”

“有时候老师会让我们自己选哪一天开展小组活动！”

教师的话：

小组活动时间是一日常规中的重要组成部分，可以由教师发起并做出计划，但并非教师主导，教师的主要作用是依据幼儿的不同发展水平和兴趣，支持和拓展幼儿的学习。因此，在计划小组活动时，应考虑内容起源、目标制定、材料准备、活动过程、教师的思考等。而幼儿在小组活动时间里会采用主动参与式的学习，如试验、探索、创造、解决问题或以自己独特的方式探索活动的材料。

小组活动有时会在户外进行，有时会在室内进行；有时会针对游戏事件、班级规则、各种任务卡开展分享交流、讨论活动；有时会针对游戏材料进行指导；有时会读绘本、对绘本里的内容进行讨论等。教师应以《指南》为目标，结合幼儿的兴趣、经验、材料、当地传统习俗和节日等，为幼儿提前计划小组活动内容，让幼儿提高对活动的兴趣，帮助和引导幼儿根据自身发展水平选择材料并实施计划与想法。

（二）目标指引

1. 在小组活动中促进幼儿身体发展与身心健康，拥有强健的体质、灵活协调的大小肌肉运动技能、健康行为。

2. 在小组活动中促进幼儿语言、读写和交流能力发展，让幼儿善于倾听、敢于表达、乐于阅读、具有书面表达的愿望和初步的书写技能。

3. 在小组活动中促进幼儿社会学习和情感发展，即自我意识、人际交往、亲社会行为、社会认知和归属感、情绪交流与控制等方面的变化，初步掌握社会规范，形成初步的自理能力，并且开始学习社会角色。

4. 在小组活动中主动调动各种感官感受与体验，通过直接经验发现关系，操作、改变及混合材料，学习使用工具及设备的技巧，体验主动式学习的乐趣。

5. 在小组活动中通过视觉艺术、音乐、律动、假装游戏、艺术欣赏等方式表达与表达自己的观察、思考、想象和感受。

6. 在小组活动中培养主动性、计划性、专注性、问题解决能力以及自我反思等良好的学习品质。

（三）小组活动时间

小班	中班	大班
14:50—15:10	14:50—15:15	14:50—15:20

备注：

1. 幼儿按照自己的兴趣和需要，在计划墙自选小组活动，规定相关人数，一般为 8 ～ 10 人，最多不超过 15 人，时间不超过 30 分钟。大班下学期可适当增加人数、增加时间。

2. 小组的活动时间与下午户外活动的时间是一致的。幼儿参加完 20 ～ 30 分钟的小组活动后可以继续参加其他户外活动。

3. 小组活动可以分成两组同时进行。

二、幼儿这样做

1. 室内可以在同一地点会合，并主动聚集在一起。户外根据具体的内容确定活动地点。

2. 室内小组活动：主动参与小组活动，分享自己玩过的游戏材料，或共同讨论一个话题、深入阅读探讨一本绘本，交流自己的发现、感受，提出问题、解决问题、积极主动地加入活动。

3. 户外小组活动：自主选择材料进行探索、交流、记录等，可以结伴、也可以独自进行。学习解决活动中的问题，积极主动，认真专注，不怕困难，不断尝试、挑战，对自己的经验进行反思。

4. 爱护和正确使用材料，会轻拿轻放，物归原处。

5. 遵守学习规则，关注活动安全，有自我保护意识，能够保证自己或提醒他人不做危险的事，一旦发生安全问题，会向成人求助。

6. 小组活动中可自主地喝水、如厕，如需离场要告知教师。活动结束时，会归类、收纳、整理材料，并思考小组活动材料应放在教室何处或哪个区域，以便明天继续使用。

三、家长这样做

1. 列出孩子在家中主动参与的事件，并在班级圈里用图文形式进行分享。

2. 养成规律性作息，帮助幼儿培养做决定的能力。

3. 家中创设学习环境时，材料摆放陈列应便于幼儿随时取放，允许幼儿去拿自己需要的材料，但是要求他们送回来时一定要放回原来的位置，

4. 在生活中注重安全教育，并时常与幼儿交流，提高幼儿的安全意识。

5. 必要时为幼儿准备一双备用的鞋袜和干净的衣服，以便不时之需。

6. 如果小组活动中发生安全意外，教师会第一时间通知，因此要保证通讯顺畅。

7. 请家长与幼儿在活动前共同完成调查表并为活动收集学习材料。

四、教师这样做

（一）岗前准备

1. 教师 A 检查小组学习环境，检查材料是否齐全、干净、卫生、安全，是否有额外材料以及补充材料，是否符合幼儿兴趣、需要及发展能力。

2. 在小组活动开始前，把准备的材料分别放入容器（如纸袋）中，并放在靠近小组聚集地点且孩子拿不到的地方。

3. 教师 B 检查户外活动场地和器械，准备户外活动所需的材料，做到“一摸”（摸器械是否有锋口、倒刺、尖锐凸起等安全隐患）、“二看”（看场地是否破损、凹凸或存在导致幼儿绊倒、摔伤的安全隐患）、“三备”（准备好软垫等安全防护设备）。

4. 事前考虑小组中每个孩子以及他们对材料可能的反应，关注幼儿前期经验、兴趣需要、发展水平、能力倾向以及学习方式，并给予有效支持。

（二）环境支持

1. 根据室内、户外活动的内容准备相关材料，户外小组活动尽量做到每个幼儿一组材料，满足幼儿多样化使用的需要和兴趣。室内小组活动要有安

静的环境、可供记录的材料等。

2. 利用生活中的自然材料，并注重材料投放的层次性和可探究性，积累幼儿的获得经验。

3. 和谐的师幼关系能引发幼儿思考、激发幼儿的好奇心，满足幼儿探索、试验、寻获、分享等多种体验。

（三）教师分工

1. 教师 A：根据小组活动内容进行分工。负责户外小组活动时，鼓励幼儿开展探索活动、适时交流，聆听幼儿的所思所想，并给予必要的建议，支持幼儿之间相互分享和交流。

负责室内小组活动时，根据日常的观察和活动的需要提出一定的话题，引导幼儿就以往的经验和遇到的问题、个人的思考，开展交流、分享，进行思维碰撞、经验共享。同时，教师以记录的方式帮助幼儿梳理思考、发现和问题解决的过程。

2. 教师 B：负责户外区域的观察与指导。在活动前提醒幼儿户外游戏的注意事项，尤其是安全问题。在幼儿自主选择游戏后，重点关注某些区域或对个别幼儿实施观察。通过材料的摆放、鼓励的语言、参与的方式等激发幼儿参与活动的兴趣。

3. 小组活动时间结束后提醒并检查幼儿收拾、整理学习材料，及时归类、收纳，形成良好的习惯。

五、后勤管理这样做

（一）保安

做好幼儿园巡视工作，关注安全。

（二）保育员

1. 协助教师开展户外自主体育游戏指导工作。

2. 关注幼儿活动，帮助幼儿垫好汗巾，并提醒幼儿注意饮水、休息。

（三）保健教师

开展班级巡视工作。

（四）值班行政

1. 巡视各班小组活动和户外游戏情况，发现活动的亮点和不足之处，对教师进行指导。

2. 随机督查教师工作状态。

六、温馨提示

1. 成员：允许幼儿自主参与小组。

2. 材料：户外小组活动尽量做到幼儿每人一份材料。

3. 选择：允许幼儿根据个人兴趣和能力水平，自己选择是否参与、参与做什么。

4. 操作：允许幼儿用自己的方式交流、探索及使用材料。

5. 幼儿的思维：允许幼儿记录和讲述他们的想法、发现。

6. 成人的鹰架作用：成人支持每个幼儿现有的发展水平并协助其扩展或建构他们的活动。

7. 来源：孩子的兴趣、经验、新材料、绘本、游戏事件或其他事件的讨论、分享、记录。

8. 过程：虽然小组活动由教师发起，但是基于教师日常对幼儿游戏、生活观察后的有意选择，即内容来自于幼儿的生活、兴趣和需要。因此，整个过程以幼儿讲述、交流、自主探索为主。

七、一问一答

常见问题一：

家长问教师：老师，我家孩子想在家里做计划，可以吗？

简单粗暴型回答：幼儿在园就有做计划的习惯，你干嘛不让他（她）做啊？

细致专业型回答：我们平时就有让幼儿在园做计划的习惯。做计划可以让幼儿更专注地投入学习或玩耍中，提升自信心和掌控感，所以对幼儿的这一想法您也不必觉得惊讶。您可以尝试以轻松愉快的心情，珍惜这些发现孩子对事情产生自主想法的机会，问问孩子的计划，并注意倾听。当您倾听孩子的计划时，不仅要注意孩子说的话，同时还要注意孩子的手势和一些非语言的讯息，尽量避免在无意中把家长的想法强加在孩子身上。当孩子的计划变得比较复杂时，家长可以提供一些材料、对话和经验来支持孩子的努力。希望这些小建议可以帮助您用来支持和鼓励孩子的意愿与想法。

常见问题二：

家长问教师：老师，我家孩子到现在都不会数数，经常会数重复、数不清？

简单粗暴型回答：你家孩子在数字概念方面确实很差，要好好练习！

细致专业型回答：对这个年龄的孩子而言，数数的过程和乐趣，比数得正确还来得重要。您可能需要克制一下想矫正他们的欲望，以免降低了他们数数的乐趣。幼儿们把数数看成一件有趣的事情，而不是一项测验。经过许多的练习和体验，如数街灯、停车场的车子、卡车的轮子等，即使没有成人的训练，孩子对数的了解也会随着时间和经验而有所增长。通过与实物的接触、对生活经验的模仿和表演等，孩子们就会逐渐学会正确地数数。

常见问题三：

家长问教师：老师，我家孩子在家经常跟别的小朋友打架、发生争执，他（她）在幼儿园也会这样吗？怎么说都不听？

简单粗暴型回答：你家孩子在幼儿园也会出现这样的情况，缺乏正确的交往技能。

细致专业型回答：幼儿年龄小，在社会交往方面未能形成正确的互动技巧。因此，成人需要协助孩子解决与他人之间的问题。例如：教会孩子以平静的态度来面对冲突。当孩子与同伴之间产生冲突，如果有第三者对孩子大吼大叫、硬把孩子分开，只会让已经非常紧张的局面更加恶化。您也可以与孩子共同建立规则，停止任何具有伤害性的行为；鼓励孩子跟起冲突的同伴谈谈他们之间的冲突，并为他们的行为负责，协助他们了解他们的冲突行为会影响到别人。我们需要记得，幼儿们常常只看到眼前，只从他们的角度来看事情；因此成人要帮助幼儿学会解决问题，学着去体会和帮助他人。虽然有时由大人来解决争执可能容易一些，但更重要的是让幼儿自己学会解决问题和冲突，这也是培养孩子发展重要互动技巧的机会。

（杨丹琴撰写）

集体活动

一、关于集体活动

（一）什么是集体活动？

孩子的话：

“集体活动就是我们遇到困难时，会集中在一起讨论解决的办法。”

“集体活动时，我们会思考，有时会做调查，进行比较、记录。”

“集体活动就是我们坐在一起，你想一个办法，我想一个办法。”

教师的话：

《规程》指出：“幼儿园应当为幼儿提供丰富多样的教育活动。教育活动的组织应当灵活地运用集体、小组和个别活动等形式，为每个幼儿提供充分参与的机会，满足幼儿多方面发展的需要，促进每个幼儿在不同水平上得到发展。”①

幼儿园的集体活动是幼儿一日生活中非常重要的一个环节，是全班儿童同时围绕一个教育活动共同参与的活动。通过集体活动，幼儿可以获得多方面的发展。他们可以尝试在集体面前大胆讲述，可以尝试相互倾听，可以彼此交流经验，增强班级团队的凝聚力。

（二）目标指引

1. 关注近期游戏、活动遇到的问题，在集体活动中，以集体交流的方式集中分析问题、讨论问题，尝试解决问题。

① 中华人民共和国教育部. 幼儿园工作规程，2016.

2. 在集体活动中，培养幼儿“我被关注、我有安全感、我是这个集体不可或缺的一份子”的意识，建设班级共同体，增进幼儿之间、师幼之间良好的关系。

3. 在集体活动中主动发起相互学习的任务，鼓励幼儿依据自己的兴趣，对大家最近的关注点进行深入研究。

4. 鼓励幼儿在集体活动中自由、充分表达自己的想法，接纳、支持同伴的探索行为，以不同的方式、不同的角度、不同的速度进行学习。

5. 鼓励幼儿在集体活动中充分利用自然和实际生活，运用自己认为能解决问题的调查、比较、实验、记录等方法，尝试有一定难度的任务，感受经过努力获得的成就感，成为有信心的学习者。

6. 鼓励幼儿在集体活动中不断积累经验，并运用于新的学习活动，形成受益终身的学习态度和能力。

（三）集体活动时间

年龄段	小班	中班	大班	时间调整日期
夏季	15:50—16:10	15:50—16:20	15:50—16:30	第一学期 9 月 1 日—9 月 30 日 第二学期 5 月 1 日—6 月 30 日
春秋季	15:50—16:00	15:50—16:10	15:50—16:20	第一学期 10 月 1 日—11 月 30 日 第二学期 3 月 1 日—4 月 30 日
冬季	15:50—16:00	15:50—16:10	15:50—16:20	第一学期 12 月 1 日—寒假放假 第二学期寒假返园—2 月 28 日

备注：

1. 幼儿自主决定是否开展集体讨论、集体探索，开展的时间、方式也由幼儿自主决定。

2. 幼儿按照自己的兴趣和需要选择集体活动内容，也可以是随机捕捉到的话题和活动中存在的问题。教师不随意干扰幼儿的选择和决定，不干扰幼儿自主的讲述。

3. 教师以“你为什么会遇到困难？你想到了怎样的解决方式？”等启发性的话语引导、启发幼儿进行思考、讲述、探索。

二、幼儿这样做

1. 安静地取放垫子或椅子，排列或围成一个圈坐在一起。

2. 通过语言讲述自己在一日活动中的问题，交流自己的感受与思考。

3. 学会用表达的方式将自己的问题和探索过程记录下来，并将自己的发现与他人分享。

4. 大胆联想、猜测问题的答案，设法验证，为自己的想法收集证据，用适宜的方法探究、解决问题。

5. 与同伴合作探究，在活动中出主意、想办法。

6. 与别人想法不同时，敢于坚持自己的意见并说出理由，同时也能倾听别人的意见，不能接受时会说明理由。

三、家长这样做

1. 每天与幼儿交流在幼儿园的生活，了解幼儿在一日生活、游戏、学习中遇到的问题和困难，和幼儿一起讨论，寻找解决的方法。

2. 为幼儿提供更广阔的资源，如博物馆、图书馆等，帮助幼儿查找与集体探究有关的信息，完成调查、实验等。

3. 支持、鼓励幼儿的探索行为，接纳、理解幼儿的猜测和奇思妙想。

4. 为幼儿创造交往的机会。利用走亲戚、到朋友家做客或有客人来访的时机，鼓励幼儿多与他人接触和交谈。鼓励幼儿参与小朋友的集体游戏，邀请小朋友到家里来玩，感受和朋友相处的快乐。

四、教师这样做

（一）岗前准备

1. 教师 A 参与幼儿对集体活动的计划制订，以倾听的方式了解幼儿当下的热点话题、感兴趣的事情、遇到的问题。联系幼儿的生活、经验和兴趣，帮助幼儿捕捉有价值的探索内容。

2. 教师 B 引导幼儿将随机产生的集体活动加入园历与计划中，帮助幼儿记录自己的发现、问题、思考，关注幼儿的学习。

3. 关注幼儿前期经验、兴趣和发展水平，并做出有效支持。

（二）环境支持

1. 根据人数采用排列或围坐的方式。幼儿和教师围坐在一起，营造温馨、舒适的集体活动氛围。

2. 营造自然、自主、支持的交流氛围，允许幼儿参与或不参与。

3. 允许幼儿带着自己的调查表、收集物等参与集体活动。

4. 根据不同的活动和幼儿一起准备不同的材料、图片、绘本等。

5. 可以在室内进行，也可以在室外进行。

（三）教师分工

1. 教师 A：负责集体活动的观察与指导，可用照片、视频、文字的方式记录下幼儿讨论时的话语、探索的过程、解决问题的方法。关注幼儿解决问题的过程，以便提供后续的支持。

2. 教师 B：帮助幼儿主持集体活动，提醒幼儿按照计划实施探索；在讨论分享的环节，引导幼儿提炼话语，使之凝练、意思明确。

五、后勤管理这样做

（一）保安

1. 关注家长提前来接的幼儿，与教师做好交接。

2. 维护校园门口的秩序，尤其是小商小贩的摆摊情况，适时驱离。

（二）保育员

1. 检查各自保洁区卫生情况，没完成的继续做好保洁区（公用卫生间、楼梯、楼梯扶手、过道、大厅等）清洁消毒。

2. 整理、清洁幼儿午睡室。

（三）保健教师

检查保洁区卫生情况，碗筷等消毒情况。

（四）值班行政

1. 巡视各班集体活动情况，发现活动的亮点和不足之处，对教师进行指导，提醒老师避免直接教学、知识性教学。

2. 随机督查教师工作状态。

3. 与集体活动中的幼儿互动，了解他们的探索过程和结果，对幼儿鼓励表扬。

六、温馨提示

1. 教师应当在明确幼儿年龄段目标和本班幼儿发展水平、兴趣、经验的基础上引导幼儿选择活动内容、活动材料，不随意、不盲目，做到循序渐进、步步提升。

2. 每个幼儿生活经验、兴趣爱好、发展阶梯都有差异，在集体活动中的学习方式也各不相同。在集体活动中要从每个幼儿的实际出发，最大限度引导每个幼儿展现自己，玩在其中、学在其中。

3. 保持适当的坐位，以便能关注到每一名幼儿，了解他们的动向。

4. 观察幼儿的交流状态，尽量不干扰幼儿的讨论，必要时以适宜的方式给予引导、帮助和鼓励。

5. 适当向幼儿介绍各种探索的方法：观察、实验、操作、参观、调查、小组合作等。

七、一问一答

常见问题一：

家长问教师：老师，孩子今天回去说要准备一个小书包，还有红领巾？

又要干什么？经常准备这个那个的，我们家没有书包！

简单粗暴型回答：明天要用的，他们每个人都带，你家当然要去买一个！

细致专业型回答：孩子马上要上小学了，他们近期对小学生活非常向往。今天他们说想体验一下小学上课的氛围，但是由于一些客观原因，我们没法去小学教室现场体验。于是孩子们提出在自己班级里模仿小学上一节课，而且他们想背起小书包、带起红领巾，真真正正当一回小学生。如果您家里暂时没有的话，我们一起在群里问问，哪位家长有多的书包和红领巾，先借给孩子明天体验一回吧？

常见问题二：

家长问教师：老师，今天怎么又有作业带回家了？昨天不是调查过了？

简单粗暴型回答：你看看内容跟昨天一样吗？每个人都要完成调查表的呀！

细致专业型回答：春天是花朵盛开的季节，孩子的好奇心和求知欲也跟随花朵而绽放。在昨天的集体活动中，他们提出每个人调查一种花卉，今天他们聚在一起汇总了许多花卉。他们在感叹花朵种类丰富的同时，也想更深入地了解每种花。于是，他们设计了今天的调查表，想研究每种花的形状、颜色、气味等。您看，孩子的兴趣如此浓厚，还有这么强烈的学习欲望，您一定很支持他（她）的吧！孩子还想和爸爸妈妈一起去调查、收集呢！

（单方为撰写）

离园

一、关于离园

（一）什么是离园？

孩子的话：

“离园活动就是我们一起唱一首歌、念一首儿歌或跳一支舞，结束一天的快乐时光。”

“离园活动前我们需要摆放好小椅子，收拾好需要带回家的物品。”

“离园活动就是我们要和小朋友们、老师们开心地说‘再见，明天见’！”

教师的话：

“幼儿园一日活动皆课程”，离园环节是“幼儿园一日活动”的重要组成部分，是不可忽视的教育环节，起着承上启下的作用，具有其他活动所不具有的教育价值。幼儿园离园活动是指幼儿离园前由教师组织进行的一项活动，对于幼儿的发展起着重要的作用。作为幼儿在园一日活动的最后环节，离园活动是以幼儿有序、安全地离园为目标进行的短时间活动，教师要科学合理地组织好离园活动，让幼儿在园的每一刻都能有意义地度过。

（二）目标指引

1. 乐意与同伴一起游戏，能做自己力所能及的事，愿意尝试穿衣、穿鞋、整理物品，能愉快地承担生活方面的小任务，并懂得一些生活自理的基本方法。

2. 与同伴谈论一日生活中自己开心或生气的事，分享自己的情绪；养成良好的个人卫生习惯；不跟陌生人走。

3. 学习观察周围事物，在探究过程中动手动脑解决穿脱衣服、鞋袜等生活问题。

4. 愿意与同伴交流自己的想法，能在教师帮助下主动表达自己的意愿，养成阅读绘本的良好习惯。

5. 能主动热情地与老师、小朋友说再见。

6. 愿意与家长交流当日在园的生活和游戏活动等情况。

（三）离园时间

年龄段	小班	中班	大班	时间调整日期
夏季	15:50—16:10	15:50—16:20	15:50—16:30	第一学期 9 月 1 日—9 月 30 日 第二学期 5 月 1 日—6 月 30 日
春秋季	15:50—16:00	15:50—16:10	15:50—16:20	第一学期 10 月 1 日—11 月 30 日 第二学期 3 月 1 日—4 月 30 日
冬季	15:50—16:00	15:50—16:10	15:50—16:20	第一学期 12 月 1 日—寒假放假 第二学期寒假返园—2 月 28 日

备注：

离园时光四步曲：一个有仪式感的集体活动；一次有责任感的检核；一次有归属感的整理；一种有期待感的告别。

二、幼儿这样做

1. 值日生检查区域里的所有材料是否摆放整齐。

2. 摆放好小椅子，收拾好需带回家的物品。

3. 使用礼貌用语告别老师同伴。

三、家长这样做

1. 接幼儿离园时，请家长有序排队。同时，为了确保幼儿安全，接到幼儿后尽量不在幼儿园内逗留玩耍，以免发生意外事故。

2. 在离园时注重安全教育，并时常与幼儿交流，提高幼儿的安全意识。

3. 非委托者来园接幼儿，保教人员须向家长确认。

4. 如遇天气突变情况，请为幼儿准备雨伞、雨衣等。

5. “三看”了解幼儿情况：一看幼儿园和班级有无通知；二看家园栏；三看展示的幼儿活动作品和老师的活动记录。

6. 与幼儿交谈“三问”：一问幼儿在园情绪；二问当日做了什么游戏；三问有什么想告诉家长的事。

7. 若当日有特殊情况的幼儿，应主动与班主任联系，了解幼儿在园的一日生活及身体情况，询问应协助的事宜。

四、教师这样做

（一）岗前准备

1. 关注幼儿离园前的情绪状态，及时安抚并调整。

2. 引导幼儿离园前进行自主游戏，避免长时间消极等待；或鼓励幼儿离园前参与整理班级环境，形成为集体服务的意识。

3. 提醒幼儿拿好自己的物品。

4. 播放音乐，相互道别。

（二）环境支持

玩具、材料、椅子收放整齐、归位，保持环境的整洁和有趣。

（三）教师分工

1. 教师 A：稳定幼儿情绪，严格确认接幼儿的家长，有重点地与个别家长沟通，做好生病、情绪异常等特殊幼儿的交接。

2. 教师 B：检查幼儿服装穿戴是否整齐；提醒幼儿收拾需带回家的物品，有礼貌地向教师和小朋友告别。

3. 最后离开教室者关好门窗、水电。

五、后勤管理这样做

（一）保安

1. 保安 A 按规定装备防护器材上岗，维护离园秩序，防止不明身份人员入园。

2. 保安 B 继续关注门口个别未接幼儿的离园情况。

3. 幼儿全部接完后，保安需做好幼儿园巡视工作，关注园内安全。

（二）保育员

1. 整理幼儿衣物用品，做好幼儿离园的准备工作。

2. 主动与个别特殊幼儿家长交流当日该幼儿在园的一日生活，汇报护理情况，争取得到家长的理解、支持与配合。

3. 待幼儿完全离开活动室后开始做活动室清洁，及时清除垃圾、污物。清洁用具（如扫帚、拖把、抹布等）要专用，拖把、抹布每次用后要及时清洁、消毒，干燥保存，全面做好班级清洁、消毒工作。

4. 协助教师做好幼儿离园前的准备工作。

5. 配合教师组织幼儿安全离园，必要时与家长交流幼儿在园生活情况。

（三）保健教师

1. 在幼儿离园时，向全日健康观察中有问题的个别幼儿的家长，重点、扼要、客观地汇报该幼儿的相关情况，积极主动地争取家长的理解与配合，保留好相关资料，做好相关记录。

2. 做好健康教育知识宣传。

（四）值班行政

1. 值班行政在离园时段加强巡查，发现问题及时处理。

2. 值班人员必须提前 10 分钟佩戴值日牌准时到岗。离园时在园门口管理幼儿离园，疏导楼梯及门口交通，同时避免幼儿私自出园。

3. 幼儿离园后对园内门窗、电器关闭情况进行检查，并做好值班记录的交接。

六、温馨提示

1. 教师可以利用离园准备时间，进行当天活动小总结，和幼儿一起对今天一天中有意义的事情或出现的问题进行回顾。

2. 关注每一个幼儿的情绪，并针对今天一天的活动，做好和个别家长进行交流的准备。

3. 离园时，两位教师应以分工明确为前提，共同预防、解决离园时段可能会出现的问题，从而保证离园活动的质量。

4. 针对不同年龄段的幼儿，教师要及时调整离园活动的类型与侧重点，使其符合和满足幼儿的心理、生理、生长规律与需求。

5. 除了要注意离园活动的内容，教师还应注意班级特色，在统一安排的活动中，应有针对性地调整、延伸，并根据每名幼儿的个体差异，总结一套适合自己班级的离园活动项目。

七、一问一答

常见问题一：

家长问教师：老师，我家孩子今天在幼儿园里表现怎么样？

简单粗暴型回答：还好。

细致专业型回答：今天吃了两碗饭，还添加了菜和汤，这几天吃得非常好。午睡也能早早入睡，今天游戏分享时还为小朋友讲了一个故事呢！语言表达流利多了！这段时间一直都在进步！

常见问题二：

家长问教师：老师，我家孩子脸上怎么有一道红印子？是不是被体罚了？

简单粗暴型回答：怎么可能？谁闲着没事会体罚孩子。

细致专业型回答：不是的。今天外出游戏时我们开展了体能活动，孩子在穿越小树林时，被小枝条划了一下，已经帮他（她）冷敷过了。问他（她）怕不怕，他（她）说一点也不怕，下次还要去，表现得非常勇敢。

（杜萍撰写）

第四章　活动实录

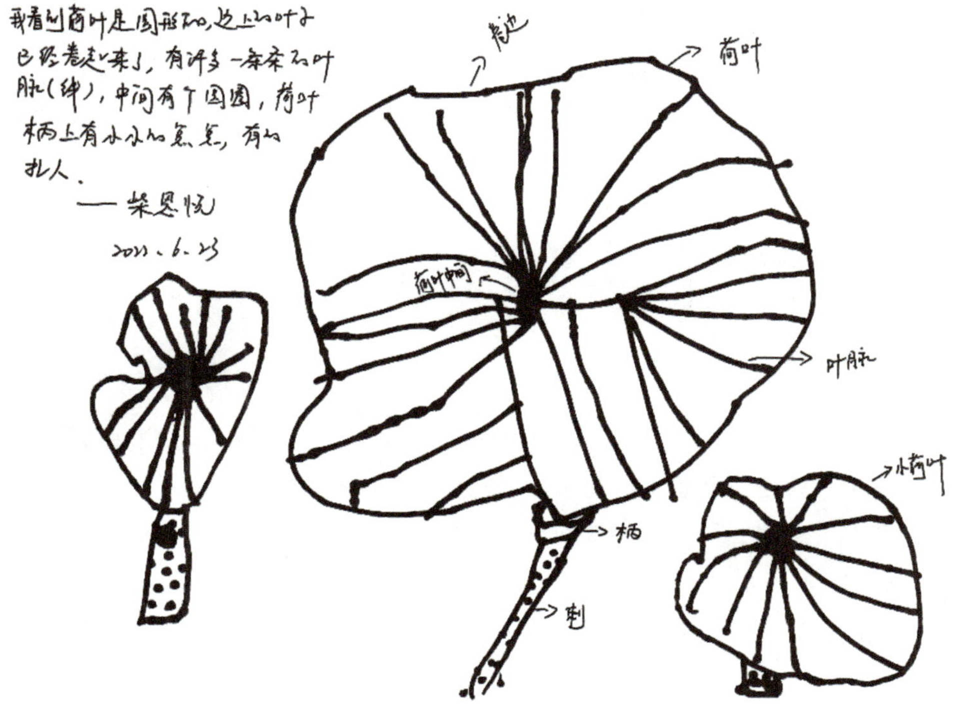

我看到荷叶是圆形的，边上的叶子已经卷起来了，有许多一条条的叶脉（线），中间有个圆圈，荷叶柄上有小小的点点，有的扎人。
——柴恩悦
卷边
荷叶
荷叶中间
叶脉
柄
刺
小荷叶

引导语：

幼儿园里的一日生活丰富多彩、似水流畅，那每一个环节应该做什么、怎么做呢？这一篇章选取了一日流程中的部分内容，如“签到”“晨圈”“游戏分享”“小组活动”等，用实录记载的方式详细地加以陈述和说明，浅显易懂，清晰明确，能够帮助初入职的教师尽快适应一日活动的组织工作。

活动实录一：签到

签到是幼儿在园一日生活的起始环节，有利于培养幼儿的时间观念，形成良好的班级保教秩序，从而促进幼儿的学习与发展；同时，教师能充分利用这个环节观察幼儿签到任务的完成度及生活习惯和学习水平的差异性，发现幼儿个体能力的薄弱之处，从而支持幼儿进行更有针对性的学习。

小班签到

一、经验链接

小班开展来园签到活动，让幼儿每天在到园后进行“打卡”，不仅有助于促进幼儿产生自我认同感和班级归属感，更能培养幼儿的自我管理能力，增强小班幼儿的生活自理能力。幼儿不仅能从趣味、多元的来园签到活动中学习到不同知识和技能，还会在日常生活中形成秩序感和责任感，最终提升逻辑思维能力。

二、签到演变

（一）积木小火车

背景：小班幼儿刚入学，来到陌生的幼儿园环境中，部分幼儿会难以适应，表现出分离焦虑，不想上幼儿园。因此这一阶段教师的工作重点是让幼儿学会自我调节情绪，用趣味的签到方式吸引幼儿来园，有利于增强幼儿良好的情绪体验。

做法：幼儿每天入园后，选择贴有自己头像或姓名标记的积木，然后插在积木桌上，以积木开火车的方式进行签到。

意义：积木对于培养幼儿各项能力具有较多的优势——它能促进幼儿动作、色彩、造型等方面能力的发展，还能兼顾趣味性和互动性等，带给幼儿更多的体验和挑战，一方面能帮助幼儿调节自己的情绪，另一方面能促进幼儿社会性能力的发展。

（二）照片树

背景：入园一个月，幼儿之间仍缺乏沟通，部分幼儿不太愿意与同班幼儿交往。为了让班级里的幼儿尽快熟悉起来，教师采用挂照片的形式来开展晨间签到。

做法：幼儿入园后，找到自己的照片，并且把它悬挂在教师制作的签到树上进行签到。

意义：一方面可以告诉教师“我来了”，另一方面通过寻找照片，幼儿可以较快熟悉其他小伙伴，从而帮助幼儿增强自我认同感及班级归属感。幼儿们可以根据照片判断今天还有谁没来，这样幼儿在无形中表达出了对同伴的关心和喜爱。通过此种晨间签到活动，幼儿感受到自己是集体中的一员，知道每个幼儿在集体中的重要性，进一步强化了幼儿在班级中的归属感和安全感。

（三）贴花签到

背景：贴各式各样的小贴花是最受幼儿喜爱的一种游戏形式，同时能够锻炼幼儿手部的精细动作以及手眼协调的能力。教师应该巧妙利用幼儿的兴趣爱好，将其与自主签到相结合，充分发挥自主签到的教育功能。

做法：教师提供周签到表、贴花纸若干，幼儿将贴花纸撕下，在签到表中找到自己名字所在的小格子，将贴花贴入相应的位置。

意义：小班幼儿年龄小、能力相对较弱，在入园签到过程中易出现贴错空格、兴趣渐弱等现象。利用撕贴贴花的方式，能够引起幼儿的兴趣，同时能够锻炼幼儿手部的精细动作以及手眼协调的能力。

三、签到图片

图 1　积木小火车接龙签到

图 2　照片树悬挂签到

图 3　男孩女孩摆放签到

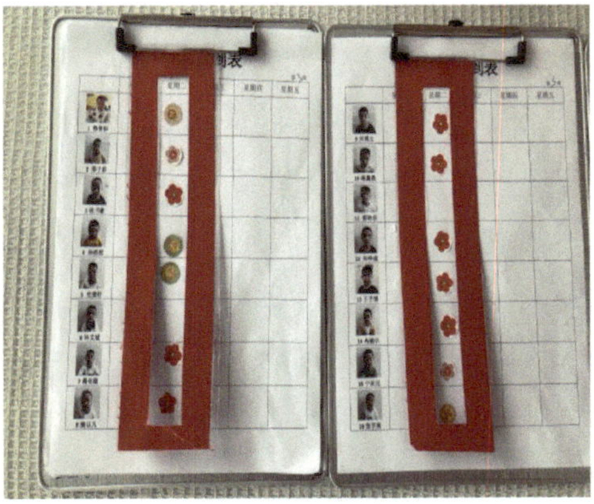

图 4　贴花签到

（金亚云撰写）

中班签到

一、经验链接

《3～6岁儿童学习与发展指南》提出要“珍视游戏和生活的独特价值”，教师要增强“儿童意识”，积极尝试挖掘一日生活中各个环节对幼儿发展的价值，引导幼儿在生活中学习、在学习中生活。中班幼儿相较小班幼儿而言，在各方面都取得了更大的发展，小班幼儿直觉行动思维仍占优势，签到方式应更具游戏性。随着自我意识的发展，中班幼儿有了更多个性化表达的意愿，教师可以请幼儿参与设计签到的方式、准备签到的材料，并支持幼儿用自己喜欢的方式签到；支持幼儿个性化的表达，并根据幼儿的兴趣、需要，不断进行调整、优化。

二、签到演变

（一）自由书写方式签到

背景：刚刚升入中班的幼儿，开始学习认识学号，于是教师在签到簿上将幼儿的照片与学号一一对应，供幼儿识别自己的学号进行签到。同时，因为幼儿之间发展的差异性，教师支持幼儿个性化的表达，支持幼儿按自己的实际能力、兴趣和需要来完成签到。

做法：幼儿入园后，找到自己的照片及学号，并在对应日期的空格内用自己喜欢的方式，如写学号、画圈、打勾等进行签到。

意义：教师思考和寻找刚升入中班的幼儿的年龄特征，顺应幼儿不同的发展水平，根据幼儿的需求，较为自然地渗透在签到活动中。一个个小小的签到簿体现出教师在甄别问题、明晰价值的基础上，整合了幼儿多方面的经验，积极研究支持幼儿自主签到的多种策略，推动幼儿的自主学习、深度学习。

（二）学号、学号描红签到

背景：随着幼儿年龄的增长，签到活动能够包含更多的学习内容，如关注学号的书写。升入中班一段时间后，大部分幼儿已经熟悉了自己的学号。教师提供彩笔、书写框、签到簿等，巩固幼儿对学号的认知，并尝试正确的书写方式。

做法：幼儿入园后，找到自己的照片及学号，并在对应日期的空格内用自己喜欢颜色的彩笔进行签到。

意义：幼儿通过小小的一日生活环节——晨间签到，获得了多方面的发展，如前书写经验的发展、时间观念的养成、情绪情感的表达等。通过签到能够养成幼儿按时到园的习惯，同时增强幼儿的责任感、归属感、仪式感，真正体现了“一日活动皆课程”的理念。通过晨间签到活动，幼儿感受到自己是集体中的一员，知道每个幼儿在集体中的重要性，进一步强化了幼儿在班级中的安全感。

三、签到图片

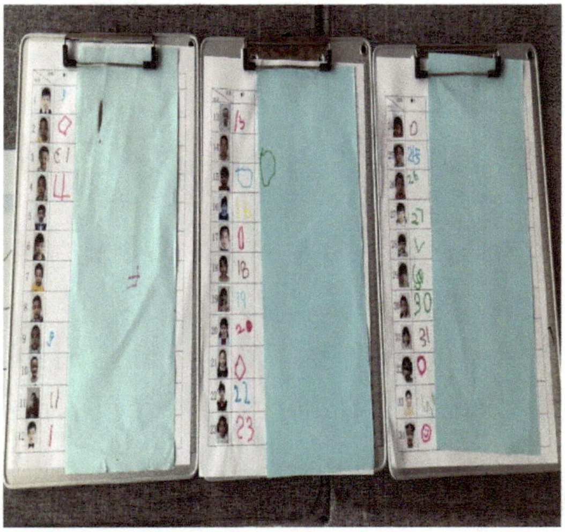

图1　图画或符号签到

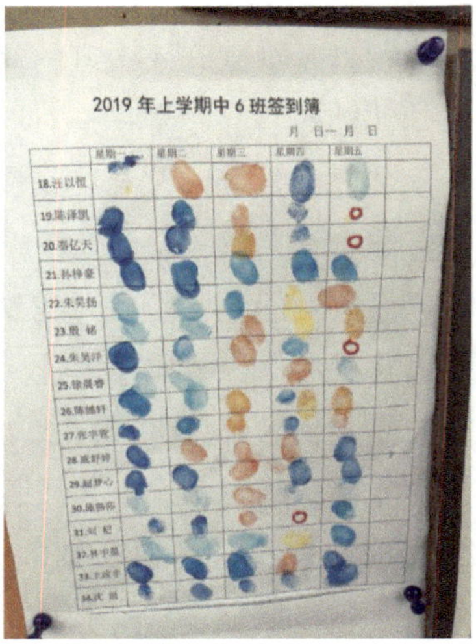

图2　指纹签到

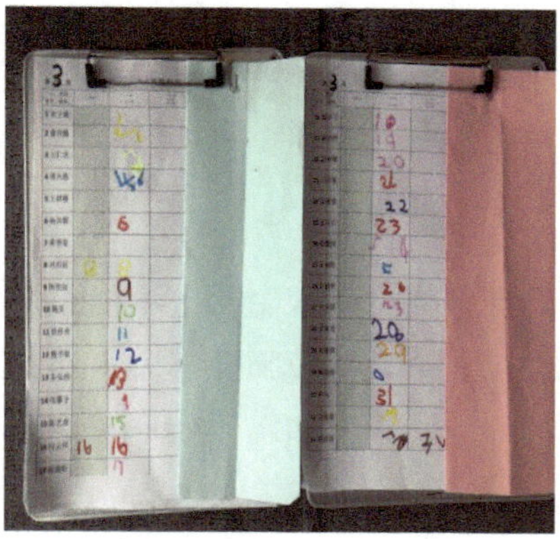

图 3　学号签到

图 4　学号描红签到

图 5　中班签到环境

（金亚云撰写）

大班签到

一、经验链接

陶行知先生提出“一日活动皆课程”。幼儿升入大班后，入园签到登记活动不仅能够培养幼儿的规则意识与集体意识，还能使其形成良好的生活习惯及学习习惯。针对大班幼儿的年龄特点，教师通过填写入园签到表的形式，利用签到表记录幼儿到园时间，调整幼儿的作息，促进幼儿积极参与晨间锻炼活动，使幼儿保持较为良好的身体、精神状态，培养幼儿形成良好的时间观念和规则意识。同时，通过填写入园签到表的活动，能够培养幼儿的数字统计能力、观察意识、逻辑分析能力和前书写能力。

二、签到演变

（一）姓名+学号签到

背景：刚进入大班时，有一部分幼儿并无良好的时间观念，也不能很好地借助数字、图画、符号等形式记录与表达自我。于是，教师鼓励大班幼儿在自主签到过程中形成遵守时间的观念，懂得利用数字、图画、符号等记录与表达自我。

做法：幼儿入园后，鼓励幼儿在签到簿上记录自己的姓名进行签到。同时根据幼儿发展水平的不同，支持其选择自己能够胜任的方式，如写学号、画符号等方式进行记录。

意义：首先，引导大班幼儿自主签到有助于幼儿形成良好的时间观念，帮助他们树立遵守时间的意识，懂得应该在规定的时间内到达幼儿园。其次，有助于提高幼儿的表达能力。大班幼儿在进行自主签到的过程中，会借用文字、数字去表达，也会用图画或者符号去表达，这一记录与表达的过程实质上是幼儿不断表达、不断对外输出的过程，同时也促进了幼儿前书写能力的发展。

（二）姓名+时间签到

背景：大班的孩子即将升入小学，而大班下学期更是幼小衔接的重要时期。因此，通过签到的这一方式，既让幼儿了解了正确的握笔姿势，又让他们学会了书写自己的名字，还帮助他们形成一定的时间概念。同时教师在幼儿每天来园时，引导幼儿辨认时钟，让幼儿了解自己的入园时间并在对应的表格中记录下来，为他们上小学做好充分的准备工作。

做法：幼儿入园后，根据自己入园的时间，在对应日期的空格内记录自己的姓名以及入园的时间进行签到。

意义：通过入园签到，帮助幼儿发现签到簿中隐藏的小秘密，如数量、时间等。在和幼儿一起探讨的过程中，帮他们理清思路，让他们了解观察、统计的方法，从而发现签到簿中蕴含的秘密。在这个过程中，幼儿习得学习知识的方法，以便在以后的活动中能够自己发现、自己探索、自己总结。同时，幼儿能够获得多方面的发展，如前书写经验的发展、时间观念的养成，并增强幼儿的责任感、归属感、仪式感。

三、签到图片

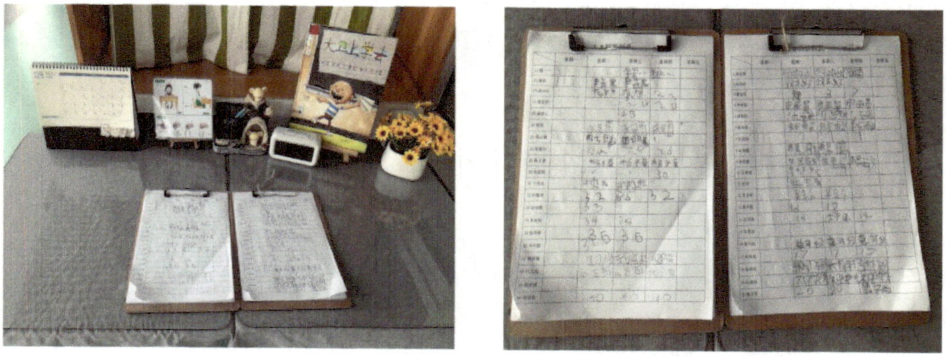

图 1 大班第一学期签到（学号 + 姓名）

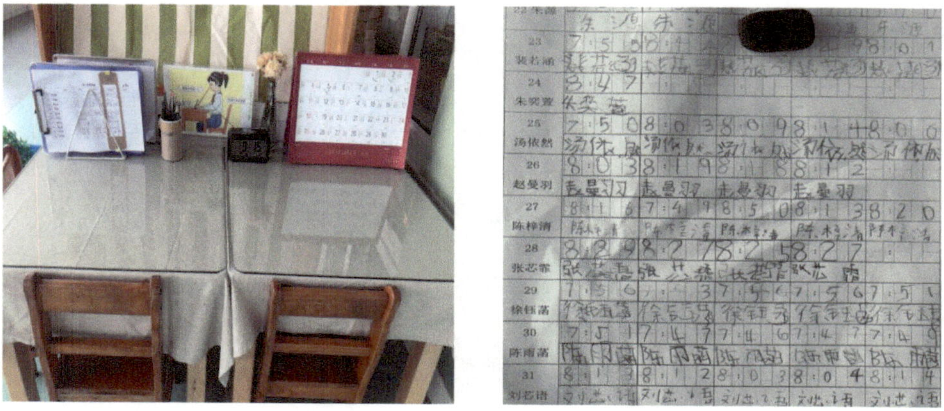

图 2 大班第二学期签到（姓名 + 时间）

图 3 大班签到环境

（金亚云撰写）

活动实录二：晨圈

晨圈活动，是早晨的一个时间段，老师和孩子围坐在一起，开展以谈话为主的一系列活动，也是建设班级共同体的一个机会。晨圈的话题可以与当下的季节、节气、节日、重大活动相关；也可以聚焦幼儿兴趣或针对随机的发现，如游戏中的问题、新添的材料、环境等内容。时间不超过 20 分钟，一般以 10 ～ 15 分钟为宜。

枇杷（小班）

一、经验链接

5 月，幼儿园的枇杷熟了，幼儿在户外散步时可以特意摘下来看一看、摸一摸。将摘下的枇杷带到班级里，利用晨圈活动时间，共同交流分享关于枇杷的秘密。

二、活动准备

1. 歌曲《好热的夏天》。
2. 计划墙、画架、白纸、笔。
3. 幼儿围圈而坐的垫子。

三、过程实录

（一）歌曲导入

播放第一时段游戏结束的提示音乐；幼儿陆续拿垫子坐到教师的身边；教师和幼儿共同歌唱《好热的夏天》。

【温馨提示】

使用电子屏播放歌曲《好热的夏天》时，关闭屏幕，只留声音，以免幼儿被屏幕画面吸引，转移注意力。

（二）互相问候、关注出勤

师：小朋友们早上好！今天是 5 月 10 日，新的一天又开始了！和旁边的小朋友打个招呼吧！

师：看一看，今天有哪些小朋友没有来呢？（关注计划墙上选区后剩下的照片，一一说出这些孩子的名字）

师：这几个小朋友请病假了，过几天等身体好转就会回到我们班上。

（三）关注天气

师：（拍手有节奏地念儿歌）今天星期几呀？今天什么天？

幼：（拍手回应）今天星期二呀，今天是大晴天。

（四）话题交流

师：昨天我们在幼儿园里看到了枇杷，枇杷的叶子是什么样的？

幼 1：椭圆形的。

幼 2：弯弯的、绿绿的。

师：那我们把它画下来，（边画边说）长长的叶子绿油油的。

师：那还看见了什么呢？

幼 1：还看见枇杷的果子。

幼 2：枇杷的果子是圆圆的。

幼 3：枇杷的果子还是黄黄的。

师：哦，除了绿油油的叶子，还看见了黄澄澄、圆溜溜的枇杷果子。

师：还发现了什么？

幼：还有杆子，果子就结在上面。

师：我们用眼睛看见了，长长的叶子绿油油的，黄黄的果子圆溜溜的，粗粗的杆子短短的、黑黑的。

师：这些都是我们用眼睛看见的，我们还用小鼻子去闻了闻，又有什么发现呢？

幼 1：我闻到了香香的味道。

幼 2：我闻到了像草莓那样甜甜的味道。

师：有些小朋友还用小手摸了摸叶子和果子，有什么感觉呢？

幼 1：我感觉毛毛的。

幼 2：我摸上去果子是硬硬的。

幼 3：我摸的果子外面是滑滑的。

师：我们用眼睛看、用鼻子闻、用小手摸，发现了很多有关枇杷的秘密。刚才你们一边说，老师一边用图画的方式把这些记录了下来。现在我来说一说，请小朋友听一听，老师记的内容对不对？

（教师引导幼儿边看图画，边示范用完整的语言讲述枇杷的特征）

师：老师把摘下来的枇杷也带到了我们的教室，有叶子也有果子，还为小朋友提供了放大镜、记录用的纸和笔。老师把它们放在科学区，你们可以去看一看、摸一摸，甚至还可以剥开来看一看。到了游戏分享的时间再来把你的发现告诉大家，好吗？

【温馨提示】

1. 晨圈话题与幼儿的经验相关，可以是幼儿生活中曾经发生过的事情。

2. 晨圈话题交流过程中，注重幼儿语言的发展，教师通过交流的方式自然地把规范的语言样式呈现给幼儿，帮助幼儿丰富、规范自己的语言。

3. 通过思维导图的方式帮助幼儿梳理讲述的顺序。

（五）关注计划

师：第二时段的游戏时间即将开始了，你们的计划都选好了吗？（检查计划墙）想一想，你今天想玩什么？在游戏中有什么发现？等一下游戏分享时我们一起来交流。

（潘云霞撰写）

蚕宝宝的一生（中班）

一、经验链接

4 月底，科学区开始饲养蚕宝宝。幼儿见证了蚕宝宝从小小的、黑色的蚁蚕慢慢吃桑叶长大，成为了白白胖胖的大蚕，到最后吐丝结茧的过程。今天的晨圈活动，将用连环画的记录方式，和幼儿共同回顾蚕宝宝的一生。

二、活动准备

1. 儿歌《节气歌：小满》。
2. 计划墙、月历、幼儿签到表等，画架、白纸、笔。
3. 幼儿围圈而坐的垫子或小椅子。

三、过程实录

（一）儿歌导入

播放第一时段游戏结束的提示音乐，幼儿陆续拿垫子坐到教师的身边，教师和幼儿边做动作边念《节气歌：小满》。

【温馨提示】

1.念儿歌时不要担心幼儿不会，教师可以吐字清晰地做好示范，每天坚持，大约两周时间后幼儿就能熟练掌握。

2. 边念儿歌边等尚未从游戏区域里出来的幼儿。

（二）互相问候、关注天气

师：小朋友们早上好！今天是 5 月 25 日，星期三，新的一天又开始了！我们相互问个好吧！（大家相互问好）

师：今天的天气怎么样？

幼：是个晴天。

师：哦，今天是个阳光明媚的大晴天。那我们一起来看一看值日生是否做了标志。

【温馨提示】

1. 当幼儿以零散的语言进行讲述时，教师要注意以规范、完整、优美的语言进行梳理和归纳，作好示范引领的作用。

2. 中班的值日生可以用绘画或者贴标志的方式进行天气的记录。

（三）关注出勤和计划

师：今天有哪些小朋友没有来呢？一起来看一看。

（教师和幼儿一起看签到表，5 号 XXX、20 号 XXX、32 号 XXX 请了事假）

师：“这三个小朋友请了事假，一会儿就会来。”

师：你们的游戏计划都完成了吗？我们一起来看一看。

【温馨提示】

1. 中班幼儿利用签到表了解有哪些小朋友没有来园。通过这一环节，引发幼儿对同伴的关心，建构集体意识。

2. 游戏计划的检查可以在话题开始之前，也可以放在话题结束后进行。

（四）话题交流

师：小满到了，蚕也开始吐丝结茧了。今天，我们就和大家一起来谈一谈关于蚕宝宝的饲养过程，蚕宝宝是怎么样一点一点长大的呢？

幼 1：一开始是蚕卵。

幼 2：小小的、黑黑的，像鱼籽一样。

师：那然后呢？又有了什么变化？

幼儿：变成了蚁蚕，像小蚂蚁一样。

师：蚁蚕又变成了什么样子呢？

幼儿：变成了幼蚕。

师：好的，那老师用笔把你们刚才说的记录在纸上。（打开长卷的纸，用记号笔绘画记录）

师：幼蚕过后，蚕宝宝要开始蜕皮了，这个时候它又变成什么样子了呢？

幼 1：蚕宝宝蜕皮的时候一动也不动。

幼 2：它有时也会把头昂着。

幼 3：蜕皮的时候是从头部开始的。

师：蚕宝宝要蜕皮蜕几次？

幼儿：要蜕皮 4 次。

师：蚕宝宝经过 4 次蜕皮以后，又发生什么变化了呢？

幼 1：吃桑叶，长大了。

幼 2：长大后要吐丝、结茧。

幼 3：它在里面变成蚕蛹。

幼 4：蚕蛹慢慢也会变成蛾子，从茧里面飞出来。

师：蛾子里有蛾子爸爸和蛾子妈妈，蛾子妈妈还有一个光荣的任务，那就是要生很多宝宝。宝宝孵化后就成了蚁蚕，又开始了一轮新的生命。我们一起看着记录的蚕宝宝生长图，回顾一下蚕宝宝的一生。

师：老师把这张长长的纸折叠起来，写上页码，就变成了一本书。这本书起什么名字呢?

幼儿：蚕宝宝的一生。

师：老师把这本《蚕宝宝的一生》放在读写区，你们有空可以去翻一翻、看一看，也可以自己做一本绘本。另外，科学区里的蚕宝宝还在吐丝结茧中，你们可以拿放大镜去观察一下，还能发现哪些有趣的秘密呢？旁边准备了记录本，也请你们把发现记录下来分享给大家。

【温馨提示】

1. 晨圈活动是交流、分享的时机，因此，晨圈话题一定要与幼儿当下的经验、节日、节气或者突发的事件相关。

2. 晨圈话题也应当与幼儿当日的活动相关联，与一日活动的内容自然流畅衔接。

（潘云霞撰写）

秋天（大班）

一、经验链接

一场秋雨一场寒，“十一”长假过后，伴随着几场秋雨，气温逐渐下降。入园的途中，路边的梧桐树叶已经开始慢慢变黄，部分幼儿开始穿上了秋装，也有幼儿因为感冒而开始咳嗽、流鼻涕。于是，我们选择在今天的晨圈时间开展一次关于深秋的谈话。

二、活动准备

1. 歌曲《秋天多么美》或《秋叶》。

2. 计划墙、月历、幼儿签到表、温度计、记录温度的统计表等。

3. 幼儿围圈而坐的垫子或小椅子。

三、过程实录

（一）歌曲导入

第一时段游戏结束的音乐响起，幼儿整理游戏材料，教师播放歌曲《秋天多么美》，在集中区前带领幼儿边轻轻地歌唱边开展韵律活动，引导幼儿陆续从游戏区域围圈坐到教师的身边。

【温馨提示】

1. 歌唱的声音要轻，不能超过播放的音量，以免打扰幼儿对音乐的感受。

2. 以固定的方式和内容导入，一般时间为两周，两周后可根据情况更换调整其他内容。

3. 由于前一时段为分组游戏，必要时以此为过渡时间，等一等户外归来的幼儿。

4. 允许建构区整理积木的幼儿提前开始整理，或者只收拾零散的积木，保持主体建筑。

（二）互相问候

师：小朋友们好！新的一天又开始了！又和你的好朋友见面了，和你旁边的朋友打个招呼吧！（大家相互问好）

（三）关注出勤

师：大（1）班的小朋友都到齐了吗？一起来看看我们的签到表。

（幼儿一起看签到表，发现潇潇、萌萌、豆豆、海洋等小朋友没有到园）

师：有几个小朋友生病了，今天早上已经给老师打过电话请假了；有的小朋友还没有到。

【温馨提示】

大班幼儿无需采用一个一个的点名方式，而是利用每天的签到表，了解有哪些小朋友没有来园。同时也通过这个环节，引发幼儿对同伴的关注，形成对集体的归属感。

（四）播报天气

师：我们一起来看看月历，今天是几月几日？（10 月 24 日）

师：今天的小值日生是谁？（可可）她在早上入园时就已经对今天的天气、温度和穿衣指数进行了记录，请她上来为我们播报一下天气吧！

（幼儿鼓掌欢迎小值日生）

小值日生：今天是 10 月 24 日，今天的天气是晴天，气温是 19 度。这样的天气要注意保暖，里面穿一件小毛衣，外面再披一件外套，下面穿厚一点的裤子。

师：今天是 19 度，早上进来有点凉，所以可可提醒大家要多穿点衣服。

【温馨提示】

1.“十一”长假之后随着气温下降，月历旁添置了温度计。每天会有不同的小值日生负责记录当天的天气、气温和穿衣提示，并向大家播报，以此提升幼儿为集体服务的意识。

2. 班上每位幼儿都有当小值日生、为班集体服务的权利，而不是固定的、少数的幼儿。

（五）话题交流

师：自从进入大班以来，我们班上就增加了温度计，还有小值日生帮助我们在月历上面记下每天的温度。那么，进入 10 月以后，气温有没有变化呢？10 月 8 日是长假后入园的第一天，温度是 26 度，10 月 9 日是 25 度，到了 10 月 12 日就变成了 19 度，再到 10 月 16 日时就变成了 18 度。你们发现了什么？

幼儿：温度越来越低了。

师：是啊，秋天就这样不知不觉地来到了我们的身边。

师：除了温度变化，还有哪些变化呢?

幼 1：桂花开了，很香。

幼 2：我看到树叶变黄了，而且还慢慢地落下来了。

幼 3：大雁和小燕子都飞到南方去了。

幼 4：红色给了枫叶，黄色给了银杏树。

师：哦，这真是一个多彩的秋天。

幼 5：菊花也开放了，味道香香甜甜的。

师：除了树叶有变化，花儿有变化，还有什么有了变化?

幼 6：人也有变化了。

师：人有什么变化?

幼 7：衣服穿得多了。

师：看看自己身上都穿了些什么衣服?

（幼儿相互了解各自身上穿的衣服）

师：气温下降，大家要注意什么?

幼 8：我们要注意保暖，不能随便脱衣服了。

幼 9：我担心天气太冷了，妈妈的喉咙就会痛，就讲不出话来了。

幼 10：我担心我爸爸衣服穿得太少了。我们都穿长袖了，他还只穿短袖，会感冒的。

幼 11：我担心我的好朋友，我听出来她的声音都已经沙哑了。

师：小朋友都表达了对爸爸妈妈和好朋友的担心，这样做很对，我们不仅要关心自己，还要关心身边的人。

【温馨提示】

1. 教师要根据幼儿的生活甄选主话题的内容，有效地引导幼儿关注生活，关注身边的现象与变化。从能够看到的动植物的变化、到能感受到的温度变化，以及温度与这些变化的关联性，激发幼儿观察、关注、亲近自然的热情和热爱生活的情感。

2. 一般主话题可以谈 6 分钟左右的时间。教师根据需要可增加一个副话题，例如班级常规、游戏材料的介绍等内容。

（六）游戏计划

师：你们今天的计划完成了吗？（和幼儿一起检查游戏计划）我们的游戏时间就要开始了，小朋友们准备一下，开始我们的游戏，好吗？

【温馨提示】

1. 教师利用晨圈最后一个环节了解幼儿的游戏选择情况。提醒幼儿再次思考怎么玩、跟谁玩、可以借助什么材料，进一步激发幼儿的游戏热情。

2. 继续播放音乐，幼儿将垫子或椅子送回原处，整理好。户外游戏的幼儿拿水杯，由另外一位教师带领开展活动。室内游戏的幼儿分批吃点心、进区域进行游戏。

3. 大班的整个晨圈活动时间为 12 ～ 15 分钟，下学期可适当延长，但最多不超过 20 分钟。

四、附件

图 1　月历

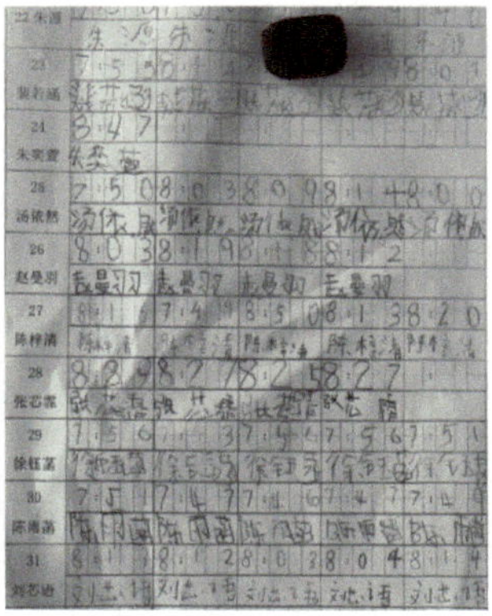

图 2　大班签到表

（潘云霞撰写）

活动实录三：游戏分享

“游戏分享”不是“游戏讲评”或“游戏评价”，主体是幼儿，是幼儿在一定的范围里与同伴开展交流，分享与游戏有关的新想法和创造力的活动，能够丰富、拓展游戏内容和情节，让幼儿在语言表达、认知、学习品质、师幼互动等方面获得发展。教师能够借助游戏分享更加了解幼儿的游戏背景和游戏经验，以便更好地支持和回应幼儿。幼儿在游戏分享和讨论的过程中可以获得倾听和被他人倾听的机会，从而变得更自信、更积极、更主动。

因此，我园除了以绘画表征的方式开展“一对一”的倾听、记录之外，还考虑到部分幼儿不愿意用绘画的方式记录，而选择以讲述的方式进行交流分享。以下第一个实录就是小班每天游戏结束后进行的游戏分享活动。活动分成室内和户外两组同时开展，让每一个孩子有机会站在集体中间勇敢表达、讲述自己的游戏经验。第二个和第三个实录则是中、大班“聚焦问题”的小组式游戏分享，更关注游戏中经验的自我构建，发现问题、解决问题的能力和经验的共享、思维的拓展。两种游戏分享方式可以根据幼儿的游戏需要灵活运用。

小班游戏分享

一、经验链接

小班幼儿刚开始接触游戏分享，教师需要重点引导幼儿认识室内外的区域，了解区域游戏的规则，逐步了解每一个区域“我们可以玩什么”。同时教师应注重耐心倾听幼儿的发言，帮助能力稍弱的幼儿把词语串联成完整的句子；对能力较强、能完整表述的幼儿给予表扬与肯定，并再次强调、复述完整的句子。教师的回应应是正面、积极的，能够给予幼儿鼓励与肯定，构建一种和谐、融洽的氛围和环境，让幼儿愿意主动分享游戏内容。

二、过程实录

（一）歌曲过渡

教师播放音乐《拍手点头》，幼儿听到歌曲后拿上地垫围成一个圈坐到教室中间，入座后和老师共同拍手唱歌。

（二）分享形式

师：又到了我们游戏分享的时间了，你们准备好了吗？今天我们用“点兵点将”的游戏方法来选择小朋友上台分享。

幼儿共同念顺口溜：点兵点将、点兵点将，点到谁就是谁。

（三）幼儿分享

师：那我们开始邀请今天来分享的第一位小朋友，是哪一位呢？我们一起说一说他（她）叫什么名字？请你先来分享你的游戏时光。先介绍一下自己吧！

幼：大家好，我叫杨XX，今天我玩了那里（手指美工区方向）。

师：你知道那是什么区吗？小朋友们可以说出这个区域的名字吗？

师：原来这里叫美工区，那么今天你在美工区里是怎样玩的？

幼：我用颜料画画了，用了绿色、红色、蓝色。

师：你愿意把你的作品展示给大家看吗？你画的是什么呢？

（共同欣赏幼儿的作品，鼓励幼儿介绍自己的作品）

幼：是怪兽的脚印。

师：原来是怪兽的脚印，我发现你在画画的时候一开始画了圆圆的脚印，后来越画越多，现在已经看不到脚印了，是被什么盖住了吗？

幼：怪兽在路上走，后来刮风了，脚印被叶子挡住了。

师：噢！原来脚印躲在叶子下面，怪不得我们没有找到脚印呢！你在美工区还玩了什么吗？

幼：后来游戏结束了，我就去吃点心了。

师：好的，感谢你的分享，我们会把你的作品装饰在美工区墙面上，来装扮我们的教室。

师：你愿意和我一起邀请下一位小朋友上来分享吗？

（继续同念顺口溜请下一位分享的小朋友）

师：你愿意和我们分享一下你今天玩的是哪个区域吗？先介绍一下自己吧！

幼：我叫李 XX。

师：李 XX 你好呀，今天你玩的是哪个区域呢？

（幼儿手指益智区，没有说话）

师：你愿意说一说你玩的是哪种材料吗？（幼儿看向益智区，没有语言回应）没关系，你可以选取一种你最喜欢的材料，我们请小朋友和你一起来介绍。

师：原来是五彩的石头，这是配合光影游戏的材料。我还看到你把小方块在光影桌上垒了很高，还放上了尖顶，这是在搭什么呢？

幼：房子。

师：原来是高高的房子，我看到你把一样颜色的方块垒在一起，还放上了一样颜色的屋顶，在光影板的照射下特别好看。（教师在讲述的时候可以直接拿材料操作示范）你喜欢这个游戏材料吗？

师：明天我们其他小朋友去玩的时候，可以尝试把不一样的颜色叠放在一起，猜猜会变出新的颜色吗？答案留给你们！

师：我们谢谢李 XX 的游戏分享，我希望下一次你可以自己来介绍你的作品，好吗？下面需要请你念顺口溜来点下一位小朋友上来分享。

（四）结束分享

（播放过渡音乐《进餐歌》）

师：吃饭的时间马上快到了，今天我们的分享就到这里。下面请小朋友们准备去洗手用餐。

三、温馨提示

（一）分享形式准备

小班幼儿的游戏分享形式应比较有趣，规则简单，让小班的幼儿容易理解，可以参考以下几种分享形式：

1. 用转瓶子的方式来决定由哪位幼儿进行游戏分享。幼儿围成一圈，盘腿坐下，教师或幼儿在中心点转瓶子，瓶子停下后，瓶口朝谁，就由谁来分享。

2. 寻找好朋友。询问今天谁想第一个来分享，等到第一位小朋友分享结束，由他（她）来邀请他（她）的好朋友。

3. 用“1—5”报数的方式选派小朋友，报到“5”的小朋友进行游戏分享。

4. 点兵点将。幼儿一起说顺口溜：“点兵点将、点兵点将，点到谁就是谁”，按顺序点选小朋友分享游戏。分享的小朋友会先打招呼，再自我介绍。

5. 击掌分享。教师首先击掌选一位幼儿来进行今天的分享。分享后由这位小朋友击掌选择下一位小朋友。

（二）教师的准备

1. 教师在分享前要关注幼儿的游戏，观察幼儿的游戏状态，把握幼儿的游戏水平，洞悉幼儿在游戏中遇到的困难、挑战等，做到心中有数。

2. 启发、鼓励、帮助小班幼儿认识今天玩的是什么区域，有哪些材料，有哪些好玩的形式等。

（三）教师的引导与回应

1. 引导幼儿用固定的格式介绍，例如：大家好，我叫 XXX，今天我要介绍的是 XX 区。

2. 耐心倾听幼儿的发言，帮助能力稍弱的幼儿把词语串联成完整的句子。

3. 对每一个幼儿的讲述都要给予积极的表扬与肯定。

（张涵撰写）

中班游戏分享

一、经验链接

近期，区域里新投放了有关磁铁的游戏材料，除了吸铁石，还有一些零散材料，例如螺丝、回形针、木片、贝壳、发夹、硬币等，供幼儿自由探索有关磁铁的秘密。今天的分享活动，就请小朋友谈谈自己玩磁铁的过程中的发现，以及如何解决发现的问题，共同交流游戏的经验。

二、过程实录

（一）歌曲过渡

教师播放音乐《欢乐舞》，幼儿听到歌曲后主动收拾好玩具，拿上地垫围成一个圈坐到教室中间，入座后和老师共同拍手倾听音乐。

（二）分享形式

师：又到了我们分享的时间了，这两周我们用的是“抽取号码牌”的形式来请小朋友分享的。你们的学号牌都在我的小盒子里，下面就由我来抽取第一位小朋友来分享你的游戏。

（二）幼儿分享

师：这几天，我们都玩过了科学区的磁铁游戏，在玩这个游戏的时候，你们有什么发现呢?

幼 1：我玩了磁铁的材料，我发现磁铁可以把很多东西吸起来，我把螺丝、回形针都吸起来了！还有磁铁与磁铁也能吸在一起！但是还有一些东西是吸不起来的，像纽扣呀、木头呀，都是不能吸的。

师：（对幼儿的话语进行总结）噢！你通过实验发现磁铁是具有吸力的，有的可以吸起来，有的不可以。

师：那么在探索磁铁的过程中，除了发现磁铁有吸力，你还发现了什么吗？

幼 1：在大的磁铁块上，有红色和蓝色两个颜色，一样颜色的就会分开，不同颜色的就能吸到一起。

师：你还发现了磁铁有两极，红色的是北极，蓝色的是南极，不同的颜色也是可以吸在一起的。

师：你还有需要补充的吗？或者你也可以请和你一起玩的小朋友来讲讲有没有其他的发现？

幼 2：我们今天一起玩了磁铁。我在玩磁铁小车的时候发现用一块磁铁也可以让小车子动起来，就是我用一样颜色的那边对准小车，它就动起来了。

师：你发现磁铁与磁铁之间有一股力量不让它们在一起，这股力量还推动了小车。其实这个就是磁铁之间的“相斥”现象。

师：那你有没有尝试用这块大磁铁一个接一个地可以吸起回形针呢，能吸几根？

幼 2：我猜只能吸一个。

师：这个问题我们可以留到明天继续探索，看看磁铁的吸力究竟有多强呢？明天分享的时候我们可以继续探究这个问题，还可以把你的实验结果记录下来。

（四）结束分享

（播放过渡音乐《进餐歌》）

师：我们可以在自己的体验日记本上记录游戏的过程与感受，还可以尝试用宫格的形式记录今天玩了哪些有趣的游戏。如果来不及，我们可以在中午吃完饭或者下午起床的时间继续记录。

三、温馨提示

（一）分享形式准备

中、大班幼儿的分享形式可以结合一些反应游戏、数学游戏，初步锻炼幼儿的逻辑思维能力，可以参考以下几种分享形式：

1. 教师将小球抛给一名幼儿，这位幼儿上来分享之后，由这名幼儿接着将球抛给另一名幼儿，抛给谁，谁接住球，谁就上来分享自己的游戏。

2. 抽取号码牌。请幼儿把自己的号码牌集中在一个小盒子里，老师随机抽取第一个小朋友的号码牌，分享结束后请这个小朋友抽取下一个小朋友的号码牌，再由对应的小朋友展开分享。

（二）教师的准备

1. 认真倾听，抓住幼儿语言表述中的关键字，帮助幼儿拓展经验。

2. 协助幼儿利用思维导图的形式记录游戏的过程。

（三）教师的引导与回应

1. 鼓励幼儿在表达时除了保证语句完整以外，学会围绕中心问题进行讲述。

2. 耐心倾听幼儿的发言，捕捉幼儿的话语，及时将幼儿不完整、不连贯的话语进行完善、规范，做出一个完整的、连贯的语言示范。

3. 教师的回应应该在帮助幼儿梳理经验的同时，帮助幼儿扩展经验，通过不断提问、反问的方式，鼓励幼儿动脑思考、一起解决问题，在已有的经验基础上做进一步的提升。

（张涵撰写）

大班游戏分享

一、经验链接

进入大班，我们采用“预约分享”的形式，每天重点分享 2 个区域，今天预约重点讲述的是图书区和建构区的小朋友，由老师带领开展分享活动，其他区域小朋友由“小老师”组织分享活动。

近期建构区的建构主题为“江南水乡”，孩子们利用各类材料搭建古典园林建筑、长廊、游船；图书区幼儿阅读书目是《我要上小学了》《爱打嗝斑马》《我妈妈》等。

二、过程实录

（一）歌曲过渡

播放音乐《春天》作为导入活动，幼儿搬起自己的小板凳围坐到建构区的作品旁，图书区的小朋友带上自己的作品，陆续从之前的区域围圈坐到教师的身边。

（二）分享形式

师：又到了我们的分享时间了，今天是建构区和图书区的小朋友提前预约了分享。今天我们要用一个新的分享形式来点名，我会用语言描述一位小朋友的外貌特征让你们猜是谁，注意听——她是名女生，今天穿了红色的带字母的外套，扎了一个麻花辫……你猜出她是谁了吗？我们就先请建构区的这位小朋友来分享，说一说创作思路。

（三）幼儿分享

幼 1：我建构的是河里的船，我先用小方块围一圈，然后想着好像缺点什么，所以我就想着放两个船桨。

师：我们一起看看，小方块是用在哪里的？船桨在哪里？（教师边指边引导其他幼儿寻找）

幼 1：我其实在想晚上开船的时候会看不见，所以我又做了一个照亮的部分。

师：噢！你是用了小半圆放在船顶上，做了一个夜晚行船的灯，你想得非常周到。我们看到有白天行船的装备，也有夜晚行船的照明。好的，那么接下来哪位小朋友继续来补充呢？

幼 2：房子上面有尖尖的屋顶，还有两个桥。

师：我们看到了有一座房子和两座桥。那你们能看出来这座房子是用哪些积木建造出来的吗？

幼 2：有四倍块和奶粉桶。

师：对，我们看到他是用四个奶粉桶上面架了四倍块。

幼 2：我又建造了两座桥，我是用二倍块一层一层叠加上去的，但是它们搭到中间的时候要倒了，所以我用了一个二倍块在下面支撑。我发现越高的地方就越重，所以我又用了二倍块在下面支撑。

师：你们看，他在搭桥的时候利用了“支撑”的方法，让这座桥变得牢固，还有楼梯一样的坡度出来。

幼 2：还有两座桥也是我搭建的，但是不一样的是它下面用的是小方块支撑的。

师：你们发现没，两个小方块叠加就是一个二倍块的长度，所以当我们材料不够的时候可以用别的材料代替，可以灵活运用。那么建完主楼和几座桥后你还建构了哪些区域呢？

幼 2：最后我又用一些布铺在地上做“水”，我们还搬了一些植物角的花做装饰。

师：当我们把主体建筑建完后就可以开始做装饰了，你们用蓝色的绸布和纱巾营造了湖泊的感觉。其他小朋友以后在建构的时候也可以像他们一样利用其他区域的资源。

师：建构区分享结束后，图书区的小朋友也可以来进行你们的分享啦！

幼 3：我今天先在图书区的阁楼上看了一本《爱打嗝的斑马》，看完后我们又在楼下看了《我妈妈》这本书，汤汤问我这本书上是什么字，我说可能写的是“我的妈妈”，我们就翻看起来。我们就看到妈妈在喝咖啡，而且杯子还是爱心形状的，然后她有时候凶起来像一头狮子一样，然后她还像一个柔软的沙发，她还是一个天使，她还是一个宇航员……

师：你们听到了吗？瑶瑶在分享的时候用了许多书里的、好听的形容词，比如“柔软的沙发”“凶猛的狮子”，我们在倾听故事的时候可以记住这些好听的词语，运用到生活中。

师：今天琳琳在图书区做了一本自制图书，你也来给我们分享一下你做的小书吧。

幼 4：我画的是《我的蔬菜宝宝》。

师：今天她制作的是连环画《我的蔬菜宝宝》，一共做了几页呢？

幼 4：一共是三页，还有一页没画完。

师：你画得非常精致，当我们描绘细节的时候画画的速度就会变慢。请你再给我们详细介绍一下连环画的内容吧。我看到上面还有页码，那么我们根据页码再来看一看，哪一张应该放在第一页呢？

幼：应该是封面，再画里面的内容。

师：对了，我们在做图书的时候应该把封面贴在第一张，然后依次根据页码贴里面的内容，这样我们合起来也能一下就知道你画的是什么内容。

（四）结束分享

师：今天我们重点分享了建构区和图书区的游戏，由于时间的关系，有很多细节还没来得及讲完整。那么接下来的时间继续交给你们，把自己游戏的感受都记录在你们的体验日记上。

三、温馨提示

（一）分享形式准备

大班幼儿的分享形式可以提高一些难度，给幼儿思考的空间，从多个维度出发，激发幼儿参与的兴趣，可以参考以下几种分享形式。

1. 单双数：引导幼儿用 1—10 报数，报到单数或者双数的幼儿先进行游戏分享。

2. 击鼓传花：幼儿自唱儿歌，当儿歌停止时铃鼓落在哪位幼儿手中就由该幼儿分享，以此类推，依次分享。

3. 猜猜猜：教师通过描述孩子的外貌特征、着装风格、生活习惯来让小朋友们猜是谁，比如：“今天他穿了红色的字母外套”“她是名女生，扎了一个麻花辫”“她每天吃饭都是第一名”之类的描述语。

（二）教师的准备

1. 幼儿在分享的过程中时，教师不要随意打断、提问，等待孩子表述完再进行补充性提问或者扩充，帮助孩子提炼经验。

2. 教师要多提开放性问题，把分享的主动权还给孩子，当孩子在表述中讲到无法解决的问题时，可以把问题抛给同伴一起解决。

3. 教师在倾听幼儿分享的过程中要注意语言的提炼，一些好的词语、句子可以着重拎出来强调。

4. 鼓励幼儿可以利用思维导图的形式记录游戏的过程。

（三）教师的引导与回应

1. 引导幼儿分享的时候应当表达清楚游戏的前后关联和内心的感受。

2. 教师需要引导幼儿语言表达时的逻辑、因果复杂关系，同时引导幼儿说出解决问题的过程，帮助幼儿进行经验的提炼，促进幼儿语言更好地发展。

3. 教师回应的控制程度应降低，将游戏分享的话语权尽可能地交还给幼儿。例如，当幼儿分享了自己的游戏困难后，教师可以通过问题引导的回应方式，将问题解决的主动权再次交还给幼儿，让幼儿来思考问题解决办法，从而实现教师控制程度的降低，使教师的回应语言在自主游戏分享环节中更多地起到承上启下的作用。

（张涵撰写）

活动实录四：小组活动

小组活动的内容是基于幼儿当下的生活、游戏的经验等开展的活动。一般由教师发起并做出计划，但并非教师主导，教师的主要作用是依据幼儿的不同发展水平和兴趣，支持和拓展幼儿的学习。幼儿按照自己的兴趣和需要，在计划墙自选小组活动，规定相关人数。一般为 8 ～ 10 人，最多不超过 15 人，时间不超过 30 分钟。大班下学期可适当增加人数、增加时间。

户外探索：有趣的树枝（中班）

一、经验链接

幼儿园里有许多大树，冬天到了，有的大树叶子飘落后就剩下了光秃秃的树枝。有的树枝掉在草地上，被幼儿拣来作为自然材料开展游戏。在拣来的树枝中，幼儿发现，有的树枝细、有的树枝粗、有的树枝是直直的、有的树枝是弯弯的。幼儿在寻找的过程中用任务卡的方式进行了比对，感知不同树枝的特征。

二、活动目标

根据任务卡，寻找并比对不同形状、精细、触感的树枝。

三、活动准备

1. 经验准备：有一定的安全意识。
2. 材料准备：任务卡、小篮子、纸、笔等。

四、活动过程

1. 介绍任务卡，明确今天小组户外探索的目的。允许幼儿可以一人独自进行探索活动，也可以两人一起合作共同完成任务。

2. 在活动开始之前共同讨论小组探索过程中的安全问题，然后分头行动。

3. 寻找树枝并按要求进行分类，完成任务卡。

4. 集中交流：你在哪里寻找到了树枝？它是什么样的？（在交流中感受长长的、短短的、细细的、粗粗的、光滑的、毛糙的、直直的、弯弯的等不同的感受）

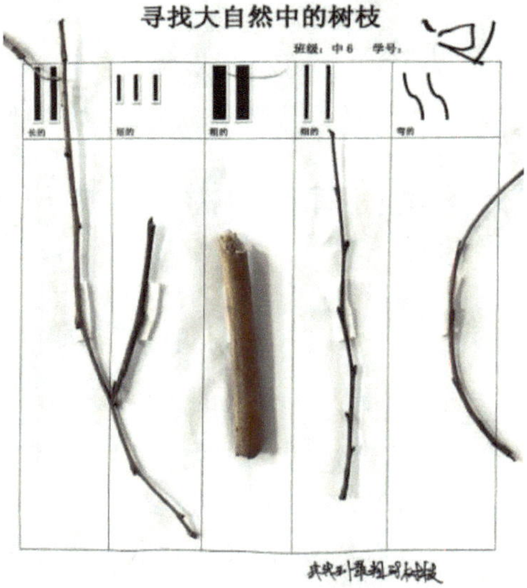

（杨丹琴撰写）

小组交流：感受生活中的数字（中班）

一、经验链接

数字和我们的生活密切相关，到了中班，幼儿开始尝试用数字进行签到，表达中也出现了很多的数字。于是我们开展小组探究活动，与幼儿们一同寻找、探秘、游戏，发现数字的有用和有趣，和数字交朋友。

二、活动目标

发现生活中的数字，知道数字无处不在。

三、活动准备

调查表、纸、笔等。

四、活动过程

1. 在我们的幼儿园里、在我们生活居住的地方，有很多的地方都有数字。我们来说一说，你在哪里找到了数字，是哪些数字？

2. 共同交流：你在哪里找到了数字？是几？请你来写一写。

（1）数字学号

幼儿发现上了中班后每个人都有了自己的学号，教室里柜子、纸杯、毛巾架等，都贴上了数字。“这是我们的自己的物品，不是自己的东西不可以随便拿。”数字学号帮助幼儿更好地区分“你的”“我的”，初步建立自己与他人的界限。

（2）数字标记

幼儿发现材料盒上有数字，“2 就是 2 号游戏，这里面的玩具要放在 2 号桌玩，游戏结束要把材料送回 2 号柜”。

（3）数字物品

我们居住的小区门牌号码、楼层、家里的空调遥控器、日历、计算器、包装盒、温度计、身高墙、洗衣机、电动车牌照、汽车牌照等物品上都有数字。

3. 区域延伸：在数学区，提供不同的数字卡片和开放性的自然材料，例如积木、毛根、棉签等，可以进行数与量的匹配，也可以拼搭不同的数字。

（杨丹琴撰写）

活动实录五：集体活动

幼儿园的集体活动是幼儿一日生活中非常重要的一个环节。是全班儿童同时围绕一个教育活动共同参与的活动，通过集体活动，幼儿可以获得多方面的发展。他们可以尝试在集体面前大胆讲述，可以尝试相互倾听，可以彼此交流经验，增强班级团队的凝聚力。

晨圈活动是集体活动，而有时候一些必要的活动也需要借助于集体活动的形式来展开。以下两个案例就是教师基于问题的发现，全班共同参与，利用集体活动的形式来进行的。

好朋友（中班）

一、经验链接

每个幼儿都希望有自己的好朋友，但是由于部分幼儿缺少交往经验与能力，在活动中常常独自玩耍，与好朋友产生矛盾也不知该如何解决。为了满足幼儿交友的需求，在班级开展主题为“好朋友”的集体活动，让幼儿相互了解、分享交朋友的正确方法。

二、活动目标

1. 了解多种交朋友的方法，让自己拥有更多的朋友。
2. 初步建立班集体的归属感。

三、活动准备

1. 经验准备：有自己的朋友。
2. 材料准备：纸、笔。

四、活动过程

（一）谈话导入

1. 谈话：你有好朋友吗？有几个好朋友？

2. “好朋友大调查”：提供一张记录表，要求幼儿有几个好朋友，就在表格里印几个印章。从调查中发现，很多小朋友拥有多个朋友。

（二）调查交流

1. 交流：你是怎么交到这些朋友的呢？

幼儿 1：我喜欢帮助别人，所以大家都喜欢我，我的朋友就多了。

幼儿 2：勇于承认错误，说声“对不起”，也能交到好朋友。

幼儿 3：我看书时，他们喜欢听我讲故事，所以就成为朋友了。

幼儿 4：一起分享玩具和图书来交朋友。

幼儿 5：我表现好，小朋友喜欢我，我们就是朋友了。

幼儿 6：小朋友之间多说说话，就成朋友了。

2. 请小朋友把自己想到的办法记录下来。

幼儿通过绘画表达交朋友的好办法。

（三）活动延伸

我们一起和好朋友手拉手玩个游戏吧。

五、活动反思

《3～6 岁儿童学习与发展指南》指出：幼儿社会领域的学习与发展过程是其社会性不断完善并奠定健全人格基础的过程。人际交往和社会适应是幼儿社会学习的主要内容，也是其社会性发展的基本途径。幼儿在与成人和同伴交往的过程中，不仅学习如何与人友好相处，也在学习如何看待自己、对待他人，不断发展适应社会生活的能力。

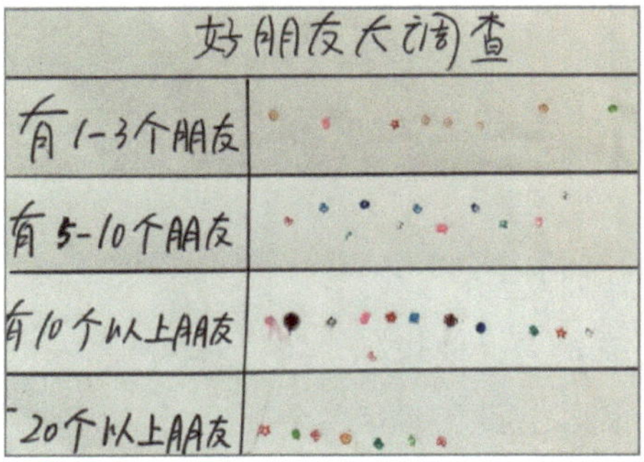

图 1　调查统计

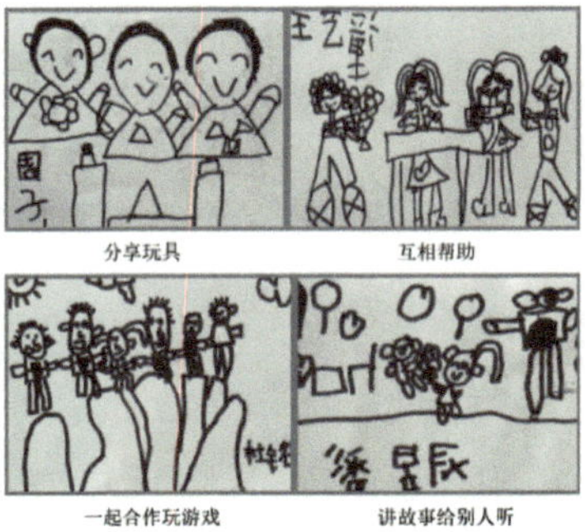

图 2　记录交朋友的好办法

（潘云霞撰写）

天气统计（大班）

一、经验链接

从开学初，我们就开始了每天天气的记录。一个月快要过去了，9 月的温度有了哪些变化呢？《3 ～ 6 儿童学习与发展指南》中指出要“在探究中认识周围事物和现象”，支持和鼓励幼儿在探索的过程中积极动手动脑寻找答案或解决问题。大班幼儿喜欢探索，探索的欲望强烈，于是班上的天气统计就开始了。

二、活动目标

1. 关注周围生活中天气变化的现象，并学会统计。
2. 感受天气变化与我们生活的关系。

三、活动准备

1. 经验准备：关注天气、记录天气的经验。
2. 材料准备：统计表、笔。

四、活动过程

（一）谈话导入

师：9 月快要结束了，这一个月的天气怎么样呢？我们一起来看一看！引导幼儿关注晴雨表，自由交流这一个月的天气。

（二）学习统计

1. 让我们做个统计，9 月中晴天有几天？阴天有几天？下雨有几天？请小朋友分组来统计，你们可以用你们自己的方式来记录。

（全班分成了 6 个小组，推选出了记录员、数数员，每组用自己的方式统计天气情况）

2. 请天气播报员来汇总一下你们各组的统计结果。

（每组交流统计的结果）

3. 小朋友们，我们的生活和天气有关吗？有什么关系呢？

（下雨天就不能去爬滑梯；晴天时太阳很好，衣服也穿得少，而且要多喝水，因为流汗很多；下雨天天气会转凉，要穿外套）

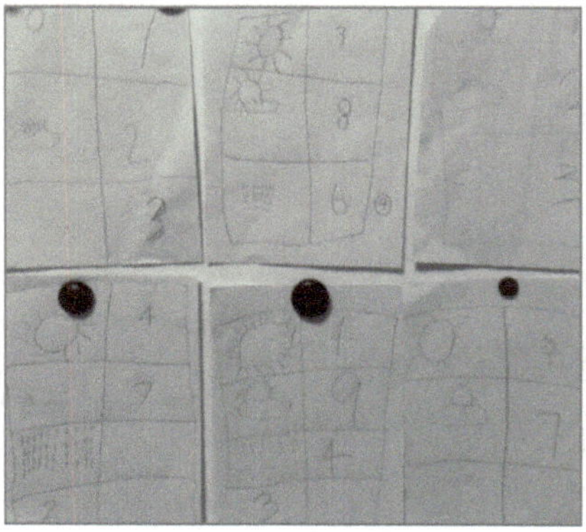

图 1　小组统计

图 2　张贴统计结果

（潘云霞撰写）

活动实录六：四季桌

一个季节的“花园”与室外大自然一年四季的变化是和谐一致的，通过一年的往复，鼓励孩子与时间的飞逝构成活生生的联系。正如“呼”“吸”一般，依靠收缩和扩展间的相互协调而达到平衡。

——节选自《自由地学习》

《纲要》指出：“环境是重要的教育资源，应通过环境的创设和利用，有效地促进幼儿的发展。”一个好的、真正的教育，不需要我们过多地去教孩子，也不需要我们过度地去引领他们、代替他们。他们需要的是我们的帮助，我们要为他们创造适合成长的健康环境。如何让我们的教室呈现出自然的能量和宇宙的能量？四季桌便是非常好的呈现。四季桌是四季更替在室内的反映，是季节中的精髓。

通过四季桌的布置，我们会发现自然界发生了怎样的事情、它有怎样的微妙变化，慢慢地，我们的洞察力会提升，会更有意识地去看待世界的变化。这是自然给予我们的机会。当我们变得有意识时，才可以真正看到孩子。当我们创造一个非常美、非常真实的四季桌时，孩子就可以从四季桌的设计布置中吸收和领悟每一个季节真实的特点。四季桌上有什么，外边也有什么，这对于孩子而言，是多么美妙的过程，他（她）会感觉到自己就生活在这世界之中！

创设四季桌

一、四季桌创设的思考

四季桌需要放置在一个固定的位置，通过摆放的人偶、绘本、植物等，展示季节所有的特征或者是一个很明显的特征。秋天，因为快要到秋收了，所以植物一定是非常丰富的；同时四季桌也会利用红色、黄色、绿色、淡淡的棕色等色彩带来秋的感受。一些特殊的节日来临的时候，如清明、端午、中秋、冬至，季节桌可以呈现出相关的场景和色彩。这会让孩子慢慢地对生活有一种预期性，让他（她）生活的节奏变得更加有序。

二、范例

（一）端午节

1. 时间节点：端午节（农历五月初五）前后。

2. 准备物品：

（1）绘本《小粽子，小粽子》《端午节》《端午粽米香》。

（2）香包、五彩线、虎头鞋。

（3）粽叶、糯米、花生、红枣、红豆、成品粽子。

（4）竹编篮筐。

（5）茶具。

（6）青绿色、白色或米色的背景布。

（7）放大镜。

3. 背后的思考：

（1）阅读绘本有利于培养孩子的多元文化意识，促进其理解和包容不同的文化；绘本中包含精美的中国民族元素，能给孩子带来不一样的表现力和感染力。

（2）挂香包、戴五彩线、穿虎头鞋、喝端午茶等是端午节的风俗，有辟邪驱瘟之意。

（3）提供粽子以及制作粽子的材料，可以使孩子更直观地了解粽子的内部；提供放大镜，孩子可以仔细观察粽叶上的纹路。

（4）竹木是自然界的产物，竹木材质的容器能给孩子带来文雅舒适、返璞归真的感受。

（5）青绿色搭配白色的背景既给孩子清新、明亮、淡雅的感觉，又与粽叶的绿、糯米的白相呼应。

图 1（1-3）　端午节的四季桌创设

（二）中秋节

1. 时间节点：中秋节（农历八月十五）前后。

2. 准备物品：

（1）中秋节相关的绘本。

（2）月亮变化盘。

（3）不同款式的月饼。

（4）不同品种的桂花。

（5）秋季蔬果。

（6）同色系摆件花装饰、国风摆件。

（7）瓷盘或者乌石盘。

（8）黄色或蓝色背景布。

3. 背后的思考：

（1）图 2-1 整体色系以黄色和橙色为主，明媚的黄色与温柔的橘色呼应中秋的明月，温暖而又浪漫；搭配上一旁的中秋绘本和月亮变化盘，孩子既能了解中秋一家人团圆赏月的习俗，又能通过动手摆一摆，了解到月亮变化的规律；桌面布置了不同款式的月饼，有广式月饼、苏式月饼、冰皮月饼，孩子能直观地观察三种月饼的特征，并了解到中秋有吃月饼的习俗；石榴摆件花和两个同色系的古风小娃娃让整个四季桌多了一些灵动生趣的感觉。

（2）图 2-2 是以蓝色系和粉紫色系为主的搭配，给人非常梦幻和清新的感觉，乌石盘和圆形格纹摆件让整个四季桌一下子拥有了典雅的味道；桌面布置了两盘月饼，一盘是二等分切开的，一盘是三等分切开的，可以提升孩子数学方面的认知。

（3）图 2-3 是以绿色系为主和杏色系为主的搭配，包含“蟾宫折桂”的美好愿景；绘本是敞开式的，孩子能直接感知秋天树叶颜色的变化；玻璃瓶桂花枝以及碟子里不同品种的桂花（金桂、四季桂、丹桂）的投放，让孩子既能通过放大镜观察桂花的枝叶、花朵，又能感受中秋赏桂的习俗。

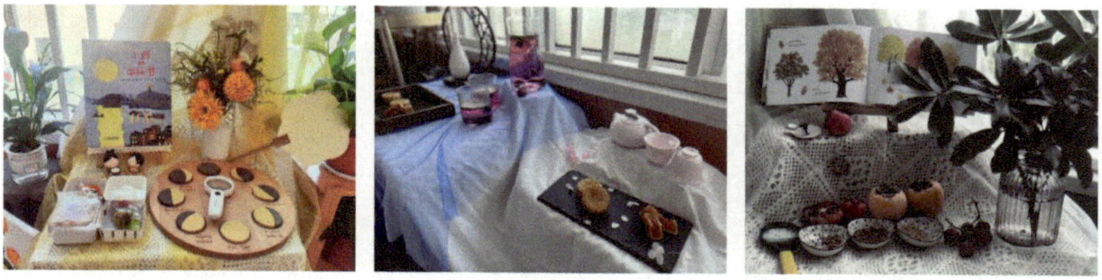

图 2（1–3） 中秋节的四季桌创设

（三）小雪、大雪

1. 时间节点：小雪、大雪节气前后。

2. 准备物品：

（1）松果、棉花、枯树枝、芦苇。

（2）冬天相关的绘本、幼儿作品。

（3）雪人娃娃、麋鹿、雪花造型装饰品。

（4）天气瓶。

（5）造雪实验用品、放大镜。

3. 背后的思考：

（1）图 3-1 中的布置以蓝色系为主，给人以宁静、广阔、寒冷的感觉，蓝色系的桌布和孩子的作品、花瓶相呼应，孩子作品上的雪花与桌面上的雪花、天气瓶、松果树上的棉花相呼应；花瓶里的芦苇象征着冬天冷冽的风，桌上摆放着的太阳花滴胶作品，象征着冬日的暖阳；桌面上的松果按照从小到大的顺序排列，旨在提升小班的孩子数学方面的认知；玻璃瓶里有一颗泡在水里的松果，松果遇水会关闭起来，并且在水中出现小气泡，引导孩子提升科学方面的认知；天气瓶中的水在冬天的时候会出现结晶现象，就像结冰一样，孩子通过观察天气瓶可以感知气温的变化。

（2）图 3-2 的背景布与绘本封面相呼应，布上的银色花纹像漫天的雪人花；雪人娃娃的投放既能帮助孩子通过雪人娃娃身上的帽子围巾了解天冷要增添衣物，又能引导孩子回忆和家人堆雪人、打雪仗的场景；花瓶里的树枝告诉孩子冬天树叶掉落，树是光秃秃的，孩子可以通过观察发现树枝的不同形态，有的是交叉型、有的是Y字型等；相框里是雪花的不同形态以及雪花的形成图，可以提升孩子科学方面的认知。

（3）图3-3以白色系为主，白纱上的金星代表雪花漫天飞舞，花瓶里棉花的白色与之相呼应；绘本中身穿棉袄、戴围巾的男孩与一旁的雪人娃娃相呼应；木盘上放置着三棵雪花树，展示通过毛细作用吸收盐溶液再结晶的过程，提升孩子科学方面的认知。

图3（1–3）　小雪、大雪的四季桌创设

（四）春分

1. 时间节点：春分节气前后。

2. 准备物品：

（1）玻璃花瓶、鲜花。

（2）研磨工具、探究工具、敲染工具。

（3）植物图片、植物标本。

（4）草绿色背景布、白色纱或蕾丝纱。

3. 背后的思考：

（1）草绿色是一种非常嫩的颜色，在春天，草绿色会给人一种钻出新芽、充满生机的感觉，所以我们使用草绿色的布装饰四季桌。

（2）图4-1中，晶莹剔透的玻璃瓶与花草给孩子视觉上简约、美丽的享受；一旁的玻璃杯里泡着一朵鲜花，既向孩子展示“鲜花可以制作成花茶”的知识，又可作为一种装置艺术；图4-2中的四季桌布置了月季花，白色的托盘里摆放了一些孩子制作的植物标本，孩子可以近距离观察植物，体会植物的多样性、察觉植物的外形特征等；教师在桌面布置了敲染工具，孩子可以将掉落的花瓣、叶子在纱布上进行拼摆、敲染，提升艺术上的操作技能。整个四季桌从视觉、味觉、听觉、触觉、嗅觉给孩子全方面的享受和感知学习。

（3）图 4-3 的四季桌以金灿灿的油菜花为主题，借助由局部到整体的布置带孩子一步步深入了解油菜花的外形、结构、作用。花瓶里是一整束的油菜花，相框里是单独的花朵、叶子，一旁有油菜花的结构组成图，引导孩子从粗略到细致地开展观察认知；碟子里摆放着花瓣、菜荚、油菜籽，孩子可以尝试着剥一剥油菜籽；托盘里布置着一小瓶菜籽油、研磨碗、小喷壶、试纸，孩子可以尝试将油喷在试纸上，闻一闻菜籽油的味道，也可以试着自己研磨菜籽；最后桌面上摆放着的娃娃摆件给整个桌面增添了活泼、灵动的氛围。

图 4（1–3） 春分的四季桌创设

（姚留艳撰写）

第五章　活动案例

大3
签到桌
19
我从小3班门口的楼梯上去。
2楼上有办公室。然后旁边有上
楼梯的标志、再上去就到3楼。
大3班门口有放水杯和帽子的
柜子。还有放雨伞的。旁边有签
到桌。签到桌上有签到的笔和纸。
我上大班也会去大3班。我喜欢大
3班！
2022.6.1
楼梯扶手

引导语：

一年四季，春夏秋冬，幼儿园的孩子们会迎来许多重要的日子，包括各种节日、节气和庆祝活动，如“开学季”“国庆节”“中秋节”“六一节”等。那么，这些活动将给孩子带来哪些学习的机会？作为成人，又该做哪些准备，有力地助推孩子们经验的获得呢？在这一篇章，我们按照时间线索，梳理了若干个活动方案，用大型集体活动说明书的方式给教师指引。

活动方案一：

9 月开学季

一、活动的起源

秋高气爽的九月，开学日期的临近意味着一段新的旅程开始了。尤其对新入园的小班幼儿来说，从熟悉的家庭走向集体生活，是一个值得纪念的成长里程碑。而对于中、大班的幼儿来说，也面临着更多的挑战，他们的探索范围更宽泛、学习体验方式更多元、行动力和实践力更强。

这是一个特别有仪式感的日子，在成长的路上，幼儿可能会出现一些不适应的情绪，例如哭闹、退缩等。这时，成人要努力理解这些正常的情绪，从环境、材料、活动方式和内容以及精神上、态度上做好充分的准备，给予他们更多的鼓励、支持和帮助。

二、我们的准备

（一）幼儿园准备

1. 幼儿园做好迎接开学的清理、清洁等工作，确保安全卫生、环境整洁。

2. 大门或大厅布置开学迎新的环境，以标语、拱门、卡通人物、纱幔、花朵等营造氛围，欢迎幼儿开学入园。

3. 各班可以做个性化的布置，如彩灯、展台、气球、照片、小鼓、水果等，迎接幼儿的到来。

4. 大厅要有班级导览图，有明显的楼层标志或方位标志，以便幼儿能顺利找到自己的班级。必要时，可请教师或大班幼儿参与引导和护送。

（二）家庭准备

1. 和幼儿日常交流关于“上幼儿园”“上中班”“上大班”的话题，以欣赏和鼓励的情绪唤醒成长的喜悦。

2. 和幼儿共同准备好入园必需的物品，如衣服、口罩、游戏材料、名字贴、照片等。

3. 在暑假期间保持良好的作息时间，鼓励幼儿自理能力的培养，并养成固定的道别方式。

（三）教师准备

活动材料准备：

1. 整理各区域的物品，营造“家”的氛围，做到温馨、舒适、整洁。

2. 根据幼儿年龄段准备游戏材料，提供新学期的绘本，如小班的“上幼儿园”系列，中、大班关于“长大”的绘本或者关于“秋天”的绘本。科学区、艺术区针对小班幼儿要多提供玩水、玩色等材料。

3. 调整班级的计划墙、家园栏、签到桌、四季桌的内容，考虑小、中、大班适应期间的需要，做到符合年龄段特征和本班幼儿个性化的需求，尤其要考虑幼儿开学第一天的特殊性，如中、大班的签到方式和签到内容要与小班、中班的方式和内容做到自然衔接。在班级处摆放显眼的标记，确保幼儿准确找到自己的班级。

与幼儿连线：

1. 暑期快结束时，和幼儿开展一次线上见面交流，关心暑假生活，提醒新学期开始的时间和相关准备。

2. 以视频的方式或线上直播的方式，向幼儿展示新学期的班级环境、班牌，以及通往新班级的路线。如果换了新教师，则新教师要亮相，和幼儿做好互动。

3. 向家长印发“班级路线图”，图上有明显的标记，以便幼儿按图索骥，顺利找到自己的班级。

三、温馨小贴士

1. 小班可以在开学前夕开展一次亲子游园活动；也可以开学第一天只开展半天活动，第二天增加在园吃饭的环节，第三天增加在园午睡、下午点心等环节，给幼儿一个适应期。

2. 允许小班幼儿携带自己喜欢的物品入园，也可以在和父母沟通的前提下，允许幼儿将物品带回家去，无论是自己的还是幼儿园的玩具。

3. 帮助小班幼儿度过适应期的方式不是安抚，而是用各种有趣的游戏材料和内容吸引幼儿，转移情绪。因此，小班教师要根据小班幼儿的年龄特点，准备大量小班幼儿喜欢的材料和游戏，如吹泡泡、玩水、玩色，在天气允许的情况下，尽量带小班幼儿在户外开展活动。

4. 从小班第一天开始，小班教师要做好一个月的适应期观察记录（见附件），用文字、照片等记录下幼儿适应期的各种情况，以便有针对性地与家长开展沟通和交流，进行一对一的指导，帮助幼儿尽快适应。一个月之后，记录的内容可放到幼儿成长档案中去，成为幼儿发展评价重要的依据。

5. 向中、大班幼儿介绍新教师、新伙伴、新环境，开展交流讨论“找到班级”的方法，顺利开展一日活动。

6. 可在8月下旬针对“开学季”各开展一次小、中、大班的教研活动，教师、行政、保育员等人员参与，必要时邀请家长代表参加。

四、附件

图1 开学环境营造

图2 开学签名墙

图 3　开学第一天的四季桌

图 4　开学第一天的中班签到方式

小班新生适应期观察记录

幼儿姓名____________　　　　　　　　　　关键教师____________

记录时间	观察倾听简要记载	备注

亲爱的宝贝，四周开学季适应期结束啦，我们一起来盘点一下吧！

（潘云霞撰写）

活动方案二：

我升中班（大班）了

一、活动的起源

九月，初秋已至。秋高气爽的时节，幼儿们的新学期生活也正式开始了。他们已经成为了幼儿园中（大）班的哥哥姐姐，对中（大）班生活充满了好奇与期待。经过一个学期的成长，他们有了一定的规则意识，学会了怎么样与同伴友好相处，同时还初步表现出了自己所擅长的事物，真是一个可喜的变化。而在父母和老师的眼中，对幼儿们还有更多的期待……

升入中（大）班后，幼儿们也将面临着新生活和小（中）班不一样的变化，积极面对新的挑战和措手不及的困难与磨砺，同时也要为接下来的新生活和学习制订计划并尝试实施。

这时，成人要从多个角度了解中（大）班幼儿的样子，为幼儿创设温馨、舒适的游戏环境，支持幼儿天马行空的设想。让幼儿在分享成长故事、学会为他人服务、与同伴共同活动的过程中，体验做中（大）班小朋友的成长与喜悦，用更加开阔的眼光去迎接和看待新的生活。

二、我们的准备

（一）幼儿园准备

1. 开学初期，幼儿园做好各区域的清洁、消毒等环境卫生工作。

2. 开学第一日，大门或大厅布置开学迎新的环境，营造浓厚氛围，欢迎幼儿开学入园。

3. 提前规划风车生态园整体环境等，为后期幼儿种植活动提供安全保障。

4. 幼儿园制订好户外场地、各场馆的安排计划表，各区域所需材料应符合幼儿年段的整体特点，有亮点，有挑战。计划采购、安置以及安保维修问题，确保幼儿在入园后正常开展游戏活动。

（二）家庭准备

1. 暑假期间，幼儿完成暑假计划打卡单的同时，愿意尝试力所能及的家务，例如整理书桌、整理床铺、洗碗筷等。

2. 日常倾听和分享爸爸妈妈及同伴眼中“中、大班小朋友”的样子。

3. 用自己喜欢的方式，绘制“新学期自画像”。

4. 开学前与爸爸妈妈、老师、同伴等讨论：开学第一天你想怎么过？

5. 进入中、大班以后，要鼓励幼儿养成早睡早起、早晚刷牙的好习惯，少吃生冷食物，每天愿意主动参加体育锻炼活动。

6. 引导幼儿在家中制定阅读打卡书单，每日养成阅读的好习惯。

7. 和幼儿共同准备好入园必需的物品，如饮水杯、口罩、游戏材料等。

（三）教师准备

活动材料准备：

1. 开学前期展示“会说话的四季桌”，如根据特别的日子、季节、节气等布置合适的四季桌主色调，用于感官、认知探究的体验材料，贴合主题的精致小摆件、绘本及其他材料。

2. 各班可以在教室门前做个性化的欢迎海报，如布置开学小贴士、温馨自然的签到桌、一束鲜花、气球、教师与幼儿们的合影照片等迎接幼儿的到来。

3. 根据幼儿年龄段准备游戏材料，提供新学期的绘本，如关于本学期涉及的节日、节气绘本，中、大班关于探索科学、人与自然关系类绘本，还可根据幼儿的兴趣特点投放绘本；美工区投放花卉植物、相关书籍、各色颜料、不同材质的布、符合年龄段的纸、笔和所需材料；建构区提供建筑实物模型、安全帽、登高梯、画架、测量材料等。

4. 追溯至上学期期末，教师可根据需要开展参观中、大班新教室活动，认识全新路线，发放调查问卷，引导幼儿们说一说、写一写原教室与新教室的不同与相同之处。

5. 参观新班级活动后，教师利用晨圈时间和个别谈话等方式与孩子讨论、设计新班级的路线图，让幼儿对新教室、新生活充满憧憬与向往。

6. 鼓励幼儿大胆写下自己新学期的心愿，对中、大班新生活充满期待。

7. 进行室内各区域环境、材料的清扫和添加工作时，注意与小班材料进行区分。根据本班幼儿的能力发展水平对区域游戏材料进行增减，多增加自然材料。

8. 调整与更新班级的计划墙、家园栏等内容，考虑中、大班幼儿的需要，做到符合年龄段特征和本班幼儿个性化的需求。中、大班的签到方式和签到内容要与小班、中班的方式和内容做到自然衔接，在原有的基础上，逐步提升难度。在班级处摆放显眼的标记，确保幼儿准确找到自己的班级。

与幼儿连线：

1. 暑期快结束时，和幼儿开展一次线上见面交流，关心暑假生活，并提醒新学期开始的时间和相关准备。

2. 以视频的方式或线上直播的方式，向幼儿展示新学期的班级环境、班牌，以及通往新班级的路线。

3. 介绍新班级的基础设施和本学期将要开展的重要节日和事件。

3. 鼓励幼儿大胆写下自己新学期的心愿，对中、大班新生活充满期待。

4. 和幼儿共同讨论，新学期想要带一袋什么样的植物（花）种子；幼儿自由商讨，为植物（花）取名，并尝试播种。

三、温馨小贴士

1. 中、大班午餐将变更为自主打餐，可以利用晨圈时间一起讨论和制定自助午餐的规则，建立午餐秩序；在自主午餐期间，也可邀请幼儿承担小小播报员的任务，每日午餐前向其他幼儿介绍今日食谱，引导幼儿养成正确的用餐姿势和不挑食的好习惯，同时提醒值日幼儿值日。

2. 随着年龄的增长，中、大班幼儿已经初步具备集体意识，愿意为班级服务。届时，可利用小组探索活动交流什么是值日生，为谁值日，值日生工作有哪些。

3. 清理打扫风车生态园小花田，和幼儿共同讨论新学期想要带一袋什么样的植物（花）种子；幼儿自由商讨，交流植物（花）的养护办法、花期，为植物（花）取名，并尝试播种。

4. 经常在家长群中转发幼儿的一日生活常态照片、幼儿作品、游戏视频，宣传正确的儿童观，转变拔苗助长式的育儿观念。新学期开启，教师应该在如流水般的一日生活中，善于捕捉幼儿的成长时刻，记录幼儿的语言、动作、游戏状态与同伴交往的关系。记录的内容可放到幼儿成长档案中去，成为幼儿发展评价重要的依据。

5. 在 9 月第三周准时开展中、大班的第一次线下家长会，介绍园本理念、幼儿的一日生活日常，让家长参与到幼儿的成长过程中来。

6. 教师可参照园本白皮书，对本学期重点节日、节气及特殊的日子进行提前审视，思考如何与幼儿展开游戏活动。

7. 中、大班每周一次的教研活动邀请教师、行政、保育员等人员参与，必要时邀请家长代表参加；布置下周工作重点的同时，回头看上周班级中出现的问题与困惑。

四、附件

图 1　开学欢迎海报

图 2　幼儿作品——新教室路线图

图 3　开学季的四季桌

图 4　开学初的绘本推荐

图 5 大手拉小手活动

图 6 开学第一天——探秘新变化

小朋友们，我们已经是大班的幼儿了，恭喜你们又成长了哦！进入大班以来，你自己有什么变化？我们的校园环境和班级环境有变化吗？和中班相比，有什么样的变化？快把你的发现画下来吧！

记录表：我上（中）大班了

自己的变化	环境的变化（校园、班级的变化）	我还发现了……

（苏夏夏撰写）

活动方案三：

月亮，你好

一、活动的起源

秋韵盎然，秋高气爽，花好月圆日，中秋喜相逢。每年的农历八月十五，是中国的传统节日——中秋节。一年一度的中秋佳节，是孩子们观赏月亮、品尝月饼、学习分享的大好时机。为了让幼儿了解中秋节的来历和习俗，体验中秋团圆的热闹气氛，我们以“月亮，你好”为主题设计和组织丰富多彩的活动，帮助幼儿初步了解中秋节的相关文化，感受花好月圆和合家团圆的美好氛围。

二、我们的准备

（一）幼儿园准备

1. 幼儿园做好迎接中秋节的清理、清洁等工作，确保安全卫生、环境整洁。

2. 大门或大厅布置中秋节的环境，以灯笼、中国风背景墙、中式茶歇等营造氛围，播放音乐《春江花月夜》《爷爷为我打月饼》《感恩的心》等。

3. 各班可以做个性化的布置，如中秋主题四季桌、灯笼、月饼等，迎接中秋节的到来。

4. 户外可以增添望远镜。

5. 准备各式月饼作为点心，给孩子品尝。

6. 创设富有传统文化风格的特色活动——猜月谜。

（二）家庭准备

1. 家长带孩子一起赏月，并记录月亮的变化。

2. 家长给幼儿讲一个关于月亮的故事或教幼儿一首有关月亮、中秋节的古诗。

3. 家长帮助收集各种各样的月饼盒、月饼礼品袋、中秋节贺卡、图片、灯笼等材料创设班级环境。

4. 和孩子一起收集各种各样的茶叶、茶具的实物及图片，从中了解相关的知识。

5. 家庭所有成员拍一张全家福，定格永恒的团圆，温情而感动。

（三）教师准备

活动材料准备：

1. 调整班级四季桌的内容，可以加入中秋主题元素。尤其可以进行个性化的设计，如增添月饼、灯笼、灯谜等元素。

2. 在班级中准备关于中秋节各地风俗的照片，如中秋团圆、赏月、吃月饼、登高望月等图片。

3. 创设中秋节班级环境，生活区中准备制作月饼的模具、食材；阅读区中投放于中秋有关的绘本以及配套的故事音频；美术区中为幼儿准备一幅长卷，让幼儿用画笔在长幅画卷上表达自己对中秋的感悟。

4. 在美工区准备红色的祈福卡，让幼儿用自己喜欢的方式表达对中秋的美好思念。

三、温馨小贴士

1. 小、中班可以和幼儿讲述有关中秋节的故事、传说，如“嫦娥奔月”“到月亮婆婆家做客”等，使幼儿了解中秋节的来历和有关习俗。

2. 可以请大班幼儿在节前节后观察月亮的变化，并做月亮变化日记，要求幼儿自己观察并将结果画在自己的表征本上。

3. 大班幼儿可以开展投壶游戏，共约二三好友，你折纸，我找壶。将亲手制作的爱心箭羽，盛着满心的愿望，用力向前投掷，以沉浸式的游戏体验对话中华传统文化。

4. 幼儿在生活区中用茶壶泡上满满一壶桂花茶。品味花香、茶香，思念也随着花香、茶香飘散开来。

5. 中秋节前夜，举办一次“庆中秋晚会”，邀请家长来园和幼儿一起参与一系列的活动，如月亮变化日记展、节目表演，把从家中带来的食物与大家分享，用望远镜观察中秋节的月亮等。

6. 根据幼儿年龄特点，大班可以在区域中投放有关中秋节的材料，如在科学区让幼儿观察月亮，进行对比，绘制出“月亮变化册”等；中班可以在美术区提供各种各样的干花、宣纸、步骤图供幼儿制作花草纸灯，阅读区中提供《团团圆圆过中秋》《从前有个月饼村》等中秋绘本；小班可以在生活区中提供面粉、模具等材料让幼儿自己动手制作月饼来体验节日的快乐，分享美好的情感。

7. 教师可以在晨圈时和幼儿一起交流，什么是中秋节，中秋节可以做什么，听听幼儿的心声和想法。

四、附件

图 1　四季桌环境布置（组图）

图 2　家长志愿者和幼儿共同制作月饼

图 3　教师向幼儿介绍中秋节习俗

图 4　区域游戏照片（组图）

（吴梦丽撰写）

活动方案四：

国庆节

一、活动的起源

“有个国家，她很伟大，这里山美水美风景像幅画；有个国家，她很伟大，五十六个民族团结是一家，她的名字叫中国！”十月，是阅不尽的画卷，篇篇绚丽多彩；十月，是诵不完的诗篇，句句动人心弦。天高云淡，丹桂飘香，踏着金秋的足迹，祖国妈妈的生日也即将到来，大街小巷上一抹抹红，广场公园里花团锦簇，举国上下共迎华诞。当丹北实验幼儿园的幼儿与浓浓的爱国心撞个满怀，他们将会用怎样的方式为祖国妈妈庆生呢？

这是一个带着祝福、采撷希望的节日，幼儿们能更好地了解国庆节的意义；要利用各其活动培养幼儿热爱祖国、热爱家乡、热爱生活的情感，增强归属感、认同感、尊严感、荣誉感！

二、我们的准备

（一）幼儿园准备

1. 幼儿园做好迎接国庆节的清理、清洁等工作，确保安全卫生、环境整洁。

2. 大门或大厅布置国庆节的环境，以红色拱门、五星红旗、五十六个民族服装等营造氛围，欢迎幼儿开学入园。

3. 在大厅、生活体验馆或者泥巴工坊可以布置大型中国地图沙盘，沙盘中包含中国风景名胜、著名建筑、不同民族人物、独特物产等，来来往往的幼儿可以宏观地观察整个中国。

4. 各班可以做个性化的布置，如红色主题四季桌、红色气球、小红旗等，迎接国庆节的到来。

5. 策划一场庄严、神圣的升旗仪式，邀请军人来园开展活动。

6. 户外增添解放军军服、军帽等。

（二）家庭准备

1. 和幼儿日常交流关于“我的祖国”“国庆节的由来”的话题，让幼儿知道自己的民族，知道祖国是一个多民族的大家庭。

2. 在家准备中国地图，和幼儿说一说或在地图上找一找自己家所在的省、市、县名称。

3. 和幼儿一起外出游玩，一起看有关的电视节目或画报等；和他们一起收集有关家乡、祖国各地的风景名胜、著名的建筑、独特物产的图片等，在观看和欣赏的过程中激发幼儿的自豪感和热爱之情。

4. 向幼儿介绍蕴含中国人聪明才智的发明和创造，知道国家的一些重大成就，为自己是中国人感到自豪。

（三）教师准备

活动材料准备：

1. 在区域中增设与国庆有关的材料，如建构区添置天安门、长城图片；美术区提供长卷画纸供幼儿绘画长城，投放制作五星红旗的步骤图；阅读区中投放《我爱五星红旗》《我是中国人》等爱国绘本；科学区自制国旗升降装置。

2. 国庆主题的美术区活动很丰富，要根据幼儿年龄段准备游戏材料。如给小班幼儿提供拓印、撕贴、拼摆等对精细动作要求较低的材料；给中、大班幼儿则可以提供颜料笔、长卷纸、剪纸等材料进行绘画创作。

3. 调整班级的计划墙、家园栏、签到桌、四季桌的内容，可以加入国庆主题元素。四季桌可以进行个性化的设计，如中国风景名胜、著名的建筑的缩微沙盘，中国独特物产、国宝熊猫以及中国高铁、中国航空等科技发明的摆件，充分体现独特的中国元素。

4. 在班级中准备中华人民共和国国歌的音频、中国地图、小国旗。

三、温馨小贴士

1. 可以邀请军人来园举办一次升旗仪式，让幼儿感受军人的英姿飒爽，体验升旗仪式的庄严。仪式过程中全体歌唱国歌，还可以唱一唱爱国歌曲，如《我和我的祖国》，通过视觉及听觉带给幼儿一种节日的震撼。

2. 户外游戏时，老师可以设置红色主题闯关游戏等。幼儿穿上准备好的解放军服装，像军人一样爬草地、翻山越岭、挑战自我，感受军人的英勇无畏。

3. 小班可以用剪开的吸管蘸取各种颜料，在画纸上“绽放”烟花；用手掌蘸取红色颜料，在纸上按下手掌印，点上五颗星星，创作手掌五星红旗；收集落叶后铺在相框内，制作五颗星星放在落叶中，制造出独特的艺术效果。

4. 中、大班可以提前开展关于国庆节的调查问卷和晨圈活动，了解本班幼儿有关国庆的经验。引导家长在家与幼儿交流关于地图、民族、风景名胜、独特建筑、科技发明、国宝等话题。

5. 中、大班根据各班不同的经验水平设计个性化的区域活动。如建构区提供长城、天安门等名胜建筑的各种角度图片，让幼儿在观察中了解中国建筑的特色并自主搭建；阅读区提供《我爱五星红旗》《我是中国人》等爱国绘本，了解属于中国的故事；科学区提供纸板箱、泡沫板等材料，引导幼儿制作中国高铁、解放军战机；音乐区可以提供《我和我的祖国》等歌曲的颜色对应曲谱，带领幼儿用钢琴弹奏并唱一唱；美术区提供中国风景名胜以及著名建筑的照片，以便幼儿观察后小组合作绘画长卷作品。下午的小组活动也可以按照以上形式来开展。

四、附件

图 1　一场升旗仪式

图 2　唱国歌

图 3　国庆节的四季桌创设

图 4　科学区升旗装置

图 5　国庆节的区域游戏（组图）

中国文化调查记录表

幼儿姓名____________ 关键教师____________

大中国

中国文化我知道

国庆集五星

国庆集“五星”	班级： 姓名：
10 月 1 日：“看一次阅兵仪式” 	☆
10 月 2 日：“设计一个国庆徽章” 	☆
10 月 3 日：“学一首有关国庆的儿歌” 	☆

续表

10 月 4 日：“陪伴家人” 	
10 月 5 日：“做一次家务” 	
10 月 6 日：“练习自己的学号” 	
10 月 7 日：“晚上九点睡觉” 	

打卡规则：每完成一个小任务就在相对应的星星上画一个小表情，集齐“五颗星星”就能获得神秘礼物。

（单方为撰写）

活动方案五：

大自然的秘密（秋游篇）

一、活动的起源

秋高气爽，风轻云淡，气候宜人。秋天丰富而多彩，是个丰收的季节，是个充满喜悦的季节，是个处处都蕴藏着教育契机的季节。在这美丽的季节里，大自然是孩子们最广阔的教室，赋予孩子们取之不尽的灵感源泉。在金色的秋季，我们需要让孩子回归大自然，在大自然中增长知识、开阔眼界、启迪智慧，让孩子在大自然这个知识的海洋里遨游成长，在新鲜的空气和阳光下，增强体质，提高孩子对外界环境的适应能力。自然界是个活课堂，让我们携起手来，走进秋季，一起追赶秋天的脚步，到大自然中去看看阳光，看看蓝天白云，去倾听鸟儿、虫儿的声音吧！

二、我们的准备

（一）幼儿园准备

1. 各年级组长出具体方案，方案可与年级组教师共同审议后制订，方案中要包括应急预案。

2. 如需用车，提前向教育局相关部门申请。

3. 联系大巴车在指定时间之前在幼儿园大门口集中后前往目的地。

4. 组长提前对目的地进行踩点，与现场工作人员沟通好活动流程。

（二）家庭准备

1. 和幼儿共同准备好秋游必需的物品，如小背包、小水壶、口罩、遮阳帽、湿巾纸、垃圾袋等。

2. 给幼儿穿戴便于活动的衣物和鞋子，鞋子大小、软硬要适中，尽量不要穿系鞋带的。

3. 配合老师对幼儿进行安全教育，活动时要紧跟老师和家长，一旦走散，要停留在原地，不要到处走动，更不能跟陌生人离开。

4. 秋游当天紧急联系人的电话要保持通畅。

（三）教师准备

1. 各班教师和家长沟通，了解每家参与的人数，并做好统计。

2. 教师利用晨圈时间与幼儿探讨秋游的安全事项和小任务的具体操作方法。

3. 提前告知家长秋游的具体事宜，请家长给幼儿穿戴合适的衣服、鞋子，准备纸巾、背包等物品。

4. 保育老师准备好备用消毒纸巾、餐巾纸、垃圾袋等物品。

5. 根据幼儿年龄段准备游戏材料或任务卡，如引导幼儿找一找不同的叶子都有几种颜色，并在任务卡上进行记录；引导幼儿找出感触不同的东西并说一说，如软软的、毛糙的、光滑的……

6. 各班教师要提前做好活动前的安全教育与计划，抓住机会对幼儿进行认识大自然和热爱大自然的教育，要求孩子注意环保，自备塑料袋，不乱扔垃圾，不攀爬树木，不摘花草。老师要有序地组织，分组带领幼儿游玩，教会孩子一些自我保护意识和判断能力。

7. 活动前对幼儿进行外出专项安全教育、园外活动安全教育、交通安全教育、园内外环保教育等，要求孩子的活动始终在教师、家长的视线范围内，确保本次活动的安全。

三、温馨小贴士

1. 保育老师携带医药箱，医药箱内准备好碘伏、棉签、纱布、胶带、酒精棉、创口贴、镊子、风油精等物品。

2. 不允许中途擅自离开，遵守“一起出发，一起回来”的原则，所有人回到幼儿园后，方可离开。

3. 活动当天各班教师对幼儿进行二次晨检，家长戴口罩入园到班签到，教师清点人数后集中坐车。到达目的地后，由各班教师和家长各自组织幼儿进行活动——找秋天、做任务、分享美食。

4. 活动结束后返园，各班教师清点人数，确保不遗漏每个孩子和家长，通知未参加活动的家长来园接孩子，保育老师清理物品、卫生。

5. 活动中请保持活动场所的卫生、清洁，不随地大小便，不随便乱扔垃圾。

四、附件

图 1　闻花香

图 2　捡落叶

图 3　量树干

图 4　户外写生

__班车辆安排明细表

1 号车

序号	幼儿姓名	家长姓名	来园签到	离园签到	联系电话	蹲点行政

各班活动任务卡

班级	任务内容	具体实施细节
X1 班	叶子有几种颜色	引导幼儿找一找不同的叶子都有几种颜色，并在任务卡上进行记录。
X2 班	秋天有多“长”	每个孩子发一根麻绳，让孩子用麻绳去量不同的事物，看看农场里有哪些事物的长度或者围度和麻绳一样，请家长拍照记录下来；也可以请孩子说一说、画一画自己的发现，由家长用笔记录下来。
X3 班	秋日印象	找一找任务卡中的指定物品，画一画在何处发现的。
X4 班	我听到哪些声音……	引导幼儿用心倾听大自然里的真实声音并记录。
X5 班	秋日寻宝	找到和自己身体部位大小差不多的自然物。
X6 班	我摸到的感受	引导幼儿找出感触不同的东西并说一说，如软软的、毛糙的、光滑的……
X7 班	寻秋	找一找秋天的自然物，有什么感觉，画一画，写一写。
X8 班	舌尖上的味道	找一找不同味道的食物，画一画，写一写。

（柬云霞撰写）

活动方案六：

儿童的一百种创意——艺术节

一、活动的起源

金秋十月，硕果累累，漫山的红枫摇曳，给了生命炫目的颜色。秋天，是一年中最美的季节，色彩斑斓，沉静内敛；果实丰富，颗粒饱满。在秋天里，我们可以一起挖红薯，一起摘果子，一起玩树叶，一起观察小动物，一起品尝秋天的瓜果……一切都是大自然送给我们最好的礼物。秋游过后，孩子们也发现了秋天更多的秘密。每个孩子心中都有一颗美的种子，他们可以用自己的方式、自己的创意诠释对艺术的理解，在大自然中、生活中尽情地感受美、表现美、创造美。

二、我们的准备

（一）幼儿园准备

1. 幼儿园制订艺术节开幕和秋游活动的方案。

2. 在大门或大厅布置秋季环境，营造浓烈的艺术节氛围。

3. 秋游前，确定秋游地点，并提前到秋游地点进行检查，保证幼儿在路途和活动地点的安全。

4. 艺术节开幕式前进行场地划分，教师、保育员将户外器械收纳到位，将场地根据需要进行一定的布置。

5. 幼儿园准备开幕式所需的音乐、纸礼炮等。

（二）家庭准备

1. 和幼儿日常交流关于“秋天”“艺术”等话题，共同开展秋游等活动，引导幼儿发现生活和自然中的美。

2. 和幼儿共同准备秋游所需的物品，如合适的鞋子、喜欢的点心等。

3. 和幼儿一起积极加入到幼儿园艺术节活动中，支持幼儿的艺术创作，为幼儿艺术创作提供一定的物质支持。

（三）教师准备

活动材料准备：

1. 秋游前，发放告家长书，向家长交代清楚时间、地点、所需物品等。

2. 根据幼儿年龄段、幼儿兴趣收集各种自然材料，如树枝、木片、石头等。

3. 如需要家长参与活动，要提前招募 1 ～ 2 名家长志愿者，熟悉场地，熟悉活动流程。

4. 艺术节需要家长提供的材料，如遮阳伞等，要提前询问家长，什么时候借来，什么时候归还，及时和家长交代清楚。

5. 各班班级日历或晨圈谈话中要体现艺术节相关内容。

6. 教师提前熟悉艺术节流程，准备艺术节中需要的任务卡等。

与幼儿连线：

1. 秋游前，根据幼儿年龄特点开展安全教育活动。

2. 划分好各班区域场地位置，桌椅、材料摆放到位，幼儿和老师共同布置各班艺术节场地及环境。

3. 在收集材料和开展活动之前，组织幼儿了解秋天，讨论秋天，共同商量收集什么材料，怎样收集，材料到了之后什么时候进行创作，创作中需要注意什么等等。以幼儿的经验和兴趣为出发点，开展符合幼儿年龄特点的活动。

三、温馨小贴士

1. 幼儿在本班的场地中自由选择开展艺术创想活动，可任意选择 1 ～ 2 种创意游戏形式。教师提醒幼儿不玩户外器械。

2. 上午开展艺术节活动，下午可进行幼儿作品展示。教师需要提前思考作品展现的形式，材料的摆放，在哪里展示，用什么方式展示等。

3. 可开展的艺术主题游戏有：花草奇遇记、百变葫芦、美丽的贝壳、木片创想、花样树枝、南瓜创意、蔬菜变形记，各种树叶、石头创想。

四、附件

图 1　活动前材料收集（组图）

图 2　活动中幼儿艺术创作（组图）

图 3　作品展示

图 4　打卡展示

（贺婷撰写）

活动方案七：

我们爱运动——运动节

一、活动的起源

十二月的冬天，大自然正在暗中积蓄着来年的力量，对于幼儿园的孩子们来说，他们也面临着不一样的挑战与考验。小班幼儿首次在幼儿园集体生活中度过漫长的冬季，适应寒冷环境，每天坚持上幼儿园，大胆迎着寒风做运动，是他们成长的必经之路。中、大班幼儿积极参与体育锻炼，不断增强个人体质，在运动中提高合作和解决问题的能力，形成集体荣誉感和不怕困难、勇于拼搏的体育精神，他们小小的身体会在一次次的突破自我中逐渐迸发出更为充盈的能量。

运动节是一次即使身处冰天雪地却依旧热情似火的旅程，在挑战的道路上，无论成功、失败、退缩，意外亦有可能发生。因此，成人要提前考虑周全，在环境、材料、活动方式、安全防护及心理疏导等各个方面都做好充分的准备，为幼儿的运动成长之旅保驾护航。

二、我们的准备

（一）幼儿园准备

1. 幼儿园做好户外、室内各活动区域的检查、修整、清洁等工作，确保幼儿运动环境的安全、卫生，尽可能地避免安全隐患。

2. 划分好不同运动区域的场地位置，提前将活动所需材料摆放到位。幼儿和教师可共同参与布置运动会场地及环境，最终各班分工、合作手绘完成运动节赛场分布图（需有明显的方位标志），便于自主挑战的幼儿能顺利找到想要参与的运动项目赛场位置。

3. 小、中、大各班可以个性化设计、制作运动活动的规则、示意图、海报、工具等，使运动节项目的更多样化。

4. 幼儿园提供各种材料，鼓励中、大班幼儿自主设计制作“运动节挑战卡”。

5. 提前准备好小礼品（荣誉勋章）及与运动节不同阶段、不同活动所匹配的活动音乐，营造适宜的运动节氛围。

（二）家庭准备

1. 家长和幼儿日常交流关于“运动节”“运动会”“我喜爱的运动项目”等话题，丰富幼儿对运动的认知，激发他们对参与运动健身的兴趣。

2. 和幼儿共同准备好冬季运动必需的物品，如温暖舒适的衣裤、围巾、运动鞋等。

3. 利用节假日和休息时间坚持带孩子进行户外运动，帮助幼儿形成坚持不懈的态度，养成良好的运动习惯。

（三）教师准备

活动材料准备：

1. 根据运动节活动的需要，基于幼儿年龄段在班级增添相关的材料，如阅读区增添关于“冬天”“运动”的绘本及故事（如《14只老鼠过冬天》《运动，真美妙》《滑雪兔子》等），美工区展示用多种材料组合的各种运动小人或运动健身小器材等。

2. 教师准备好自己班级负责的运动项目所需要的材料，并带领孩子共同了解自己及其他班级的运动游戏项目，提前计划自己想要挑战哪几个区域。

认知经验准备：

1. 利用晨圈环节针对运动节进行各方面的谈话、讨论，尽量区分小、中、大班不同的需要，做到使节目符合幼儿年龄段特征和本班幼儿个性化的需求。例如，小班关注“不怕冷”“运动的重要性”等，中班关注“我知道的运动方式”“良好的运动习惯”等，大班关注“运动游戏项目的创新玩法”“运动中的分工合作”等。

2. 教师应向幼儿强调并鼓励其认识、了解运动中的保健知识及可能会发生的一些突发事件与处理方法，积累自我保护和应对意外事件的安全常识与经验。

三、温馨小贴士

1. 在运动节正式开幕前，小班教师可利用散步时间带幼儿游园参观布置好的运动场地与材料，引导幼儿了解不同的运动项目及对应的具体规则。

2. 将小班幼儿进行分组，运动节期间每日有10名幼儿参与户外运动游戏，其余幼儿在室内班级中进行相关的趣味活动，如谈话“运动中的趣事”、语言“袋鼠宝宝比跳高”、手工“运动小达人”、绘画“我最喜欢的运动游戏”、律动“动起来”等。两名教师做好分工与相应活动组织，尽可能地鼓励每名幼儿大胆参与。

3. 中班教师组织幼儿按计划参与选择的运动项目，例如运动周里每2天全班幼儿完成一种项目，接着换下一项目，确保全班孩子齐参与，每一个孩子都有机会展现自己。

4. 在条件允许的情况下，班级与班级间可组织联合比赛，增添运动节活动的趣味性，锻炼孩子们的集体荣誉感。

5. 大班幼儿体育技能、自主能力强，可联合家长组织亲子运动会。开幕式后由家长带领幼儿分散、自主选择区域开展运动挑战活动，各区域教师负责提供材料、盖章，完成10项挑战的幼儿可带着“挑战卡”到教师处领取小礼品（荣誉勋章）。通过形式多样的亲子游戏，进一步增强家长与孩子之间的情感交流，更好地促进家园双沟通。

6. 运动节期间，教师同样需要做好心理疏导工作，尤其要鼓励胆小的小班幼儿大胆参与，提醒中、大班幼儿注意安全；教育幼儿“友谊第一，比赛第二”，切勿因为输了比赛而沮丧或生气，引导幼儿情绪保持稳定、愉悦。

7. 教师应密切观察幼儿在运动节项目中的具体表现，发现特别需要注意的内容时应用照片、文字等记录下来，以便后续有针对性地调整户外运动活动的组织计划，或与家长开展必要的沟通和交流。此外，亦可鼓励幼儿自主写作体验日记，并选择性地放入幼儿成长档案，作为体现幼儿成长的轨迹和幼儿发展评价的依据。

四、附件

图 1　运动节开幕式

图 2　运动节活动掠影

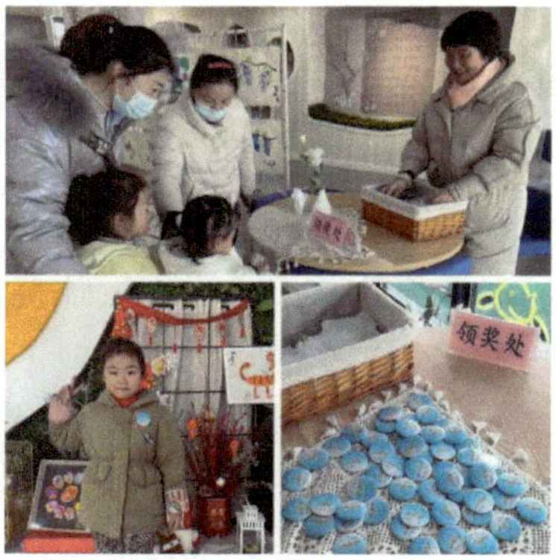

图 3　运动节领奖台及荣誉勋章

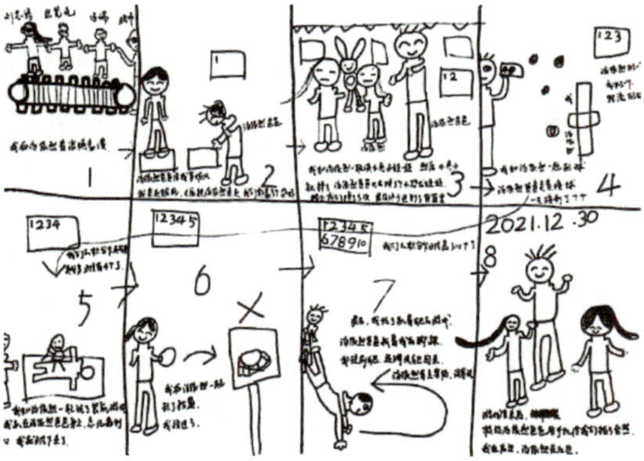

图 4　运动节儿童体验日记

生命在于运动，运动使我们不惧怕寒冷，变得更健康、更快乐！有了健康的身体、快乐的心情，小朋友们才能茁壮成长！那么小朋友们，你们知道什么叫作运动吗？又会哪些运动呢？你们眼中不一样的运动节是什么样的？请爸爸妈妈和孩子们一起向着运动出发，探索运动的奥妙吧！

大班“我们爱运动——不一样的运动节”调查表

幼儿姓名____________　　　关键教师____________

“我们爱运动——运动节”	亲子记录（以绘画的形式进行记录）
我知道的运动有哪些？	
我喜欢的运动有？	
运动节我们想怎样玩？	

（庄娈雯撰写）

活动方案八：

新年的祝福

一、活动的起源

春节是中国传统意义上的农历新年，是中华民族最隆重的传统佳节。在中国民间，春节广义上包括从腊月初八一直到正月十五的这一段时间，它承载着中国人的祝福和期盼，体现了中国悠久的传统文化和丰富的习俗习惯。

对于小朋友来说，春节里好吃的、好玩的都是最令他们开心和期待的。通过各种体验活动，引导幼儿在了解新年的基础上，不断感受年味的浓烈和热闹，用自己的方式表达新年的祝福，并产生对中国传统文化的自豪感。

二、我们的准备

（一）幼儿园的准备

1. 幼儿园做好卫生清理工作，在大门、大厅布置关于新年的环境，用对联、灯笼、气球、标语、拱门来营造新年喜气洋洋的氛围。

2. 幼儿园可以组织游园活动，在操场准备多种小游戏，例如画糖画、投壶、舞龙舞狮、做花灯等，带领幼儿们尝试中国的传统游戏，体验传统节日的乐趣和奥秘。

3. 各班做个性化的装饰，例如窗花、彩灯、照片、展板、彩旗等，用幼儿的作品装饰环境更能激发幼儿的积极性和对节日的热爱之情。

（二）家庭的准备

1. 家长带领幼儿收集家中的年味和福字，共同感受家庭在新年到来时的温馨与喜悦。

2. 走出家门，在小区、路边、城市里找寻过年的气息，体验在新年氛围下的城市生活，激发幼儿对城市和国家的归属感。

3. 与幼儿交流关于春节的习俗，或者采用回忆的方式让幼儿获得关于春节的一些前期经验，激发幼儿对于春节的喜爱。

（三）教师的准备

活动材料的准备：

1. 对班级的各个活动区域的材料进行调整，增添更多与新年有关的活动材料，如增添关于新年的绘本《团圆》《过年啦》《好忙的除夕》等。在美工区提供红包，鼓励幼儿进行创作，设计属于自己的红包；中、大班提供毛笔，鼓励幼儿创作百福图、画春联。

2. 更换班级的家园栏、签到桌、四季桌的内容，根据新年的特殊意义，并且结合不同年龄阶段幼儿的认知水平和发展水平，布置适宜的内容。可以放置年货，如腊肉、花生、瓜子等，用幼儿熟悉的、生活中常见的事物体现节日的温暖。

3. 采用幼儿的作品对班级进行装饰，与幼儿共同进行手工活动，如剪窗花、画灯笼、画祈福卡；将幼儿的作品在教室进行展示，既丰富了环境，又为新年的到来营造了浓烈的气氛。

与幼儿共同准备：

1. 在晨圈时间与幼儿共同讨论春节习俗、怎样过新年以及新年的祝福方式等等，丰富幼儿关于新年的认知，知道吃团圆饭、放烟花等都是新年的仪式。

2. 录制一段关于新年祝福的视频，可以说一说对同伴的或者对爸爸妈妈的祝福。

三、温馨小贴士

1. 小班幼儿可以在家中通过寻找年味并且拍照打卡的方式参与到新年的祝福活动中；中、大班的幼儿可以参与家里的大扫除和贴春联活动。

2. 小班幼儿的新年祝福方式采用口头表达，中、大班用写福字、送福字、制作红包的方式表达自己的新年祝福。

3. 家长在新年期间可以为幼儿准备一个小本子，鼓励孩子用符号和绘画的方式，通过多元表征记录春节期间的奇闻趣事，珍藏幼儿的美好记忆。

4. 关注幼儿在新年时的礼仪，包括问候礼仪、红包礼仪、做客礼仪和餐桌礼仪等，将礼仪的培养渗透在日常的生活中。

5. 新年期间不可忽视安全问题，特别是出门安全、幼儿的食品安全等。

四、附件

图 1　新年的四季桌

图 2　新年的环境营造

图 3　新年的祝福活动

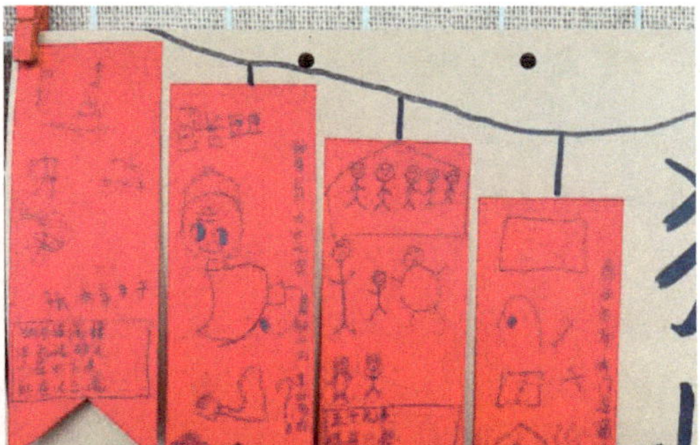

图 4　猜灯谜

（李怡泉撰写）

活动方案九：

唤醒自然

一、活动的起源

惊蛰，又名“启蛰”，是二十四节气中的第三个节气，时间在每年的3月5～6日。惊蛰反映自然生物受节律变化影响而出现萌化生长的现象。惊蛰的标志性特征是春雷乍动、万物生气盎然。有俗语“春雷惊百虫”，意思就是天气继续回暖，气温升高，春雷把蛰伏的小动物都唤醒了。为了让幼儿多方面地了解惊蛰节气与自然变化，感受时间与生命的轮转循环之美，各班将开展惊蛰系列活动，提高幼儿园小朋友对惊蛰的认识，学会感恩，学会珍惜，学会理解与宽容。

二、我们的准备

（一）幼儿园准备

1. 提供汉服，让孩子们感受传统文化的魅力。

2. 大门或大厅布置自然环境，以桃花、迎春花、杨柳等营造氛围，让幼儿体验春天的勃勃生机，体验春天的情趣。

3. 各班可以布置个性化的四季桌，如小动物、放大镜、绘本《惊蛰》等，引导幼儿对大自然的探索。

（二）家庭准备

1. 小、中、大班幼儿的家长，分别和幼儿日常交流关于“寻找嫩芽”“播春种、唤冬虫”“惊蛰至，春日醒”的话题，增进幼儿对惊蛰的认识。

2. 和幼儿一起到野外找一找自然界的变化，增长知识、开拓视野，感受春天的美好，如小昆虫开始活动了、迎春花开了、柳树发芽了……

3. 对幼儿进行文明礼貌的教育，学会遵守公共秩序，保护公共环境的卫生，热情、有礼貌地与人交往。

（三）教师准备

活动材料准备：

1. 和幼儿记录第一场雷电的时间，说一说看到的和听到的。记录树长第一片叶子和开花的时间。

2. 投放各区域的物品，营造“春”的气息，表现万物复苏、生机勃勃的景象。如生活区提供冰糖、雪梨，野葱、荠菜等，让幼儿亲手制作冰糖雪梨、春卷、野菜馄饨、凉拌野菜等食物，感受春天馈赠给人们的美味。科学区、艺术区投放有关小动物、春天的植物盆景，鼓励幼儿通过观察、记录和写生等方式，感知和发现春天的气息、人们的春日活动和动植物的生长变化。

3. 根据小、中、大班年龄段特征和本班幼儿个性化的需求，调整班级计划墙、家园栏、四季桌的内容。可以结合年龄特征开展踏春活动：小班找找户外的植物、动物，说一说小动物的外形、颜色等；中班通过观察将自己看到的植物的变化尝试画下来；大班尝试做一次美食，与同伴分食美味。

4. 户外种植区投放一些种植工具，供幼儿种花、种树使用。引导幼儿持续观察和记录植物什么时候长第一片叶子，什么时候开始开花，什么时候开始抽芽等等。

与幼儿连线：

1. 和幼儿开展一次“惊蛰知多少”的讨论，感受春天是万物复苏的时节。

2. 以视频的方式向幼儿介绍有关惊蛰的传统文化。如吃烤梨、做香囊、画白虎……

3. 结合小、中、大班幼儿的特点发放调查表，鼓励幼儿记录惊蛰会发生的事情。

三、温馨小贴士

1. 在惊蛰前针对惊蛰节气各开展一次小、中、大班的教研活动，教师、行政、保育员等人员参与，也邀请家长代表参加。

2. 在户外开展“寻春足迹”活动时，提醒小班幼儿穿便利的服装、鞋子，便于户外活动；提醒中、大班幼儿可以适当带一些辅助材料用于观察，如放大镜、放小动物的玻璃器皿等。

3. 在户外开展活动时，尊重幼儿的兴趣和独特的感受，理解他们欣赏时的行为，如手舞足蹈等。

4. 小、中、大班幼儿开展讨论“找到的惊蛰”，并做好记录。记录的内容可放到幼儿成长档案中，成为幼儿发展评价的重要依据。

5. 生活区开展美食活动时，要检查食材的新鲜度并消除安全隐患，如食品是否过期，电器、电线是否老化等。

四、附件

图 1　美术区环境

图 2　四季桌环境

图 3　唤醒大自然

图 4　惊蛰击鼓

大班：惊蛰至，春日醒——关于美好，关于你

班级____________　　　　　　　　　　姓名____________

3月5日惊蛰至，你知道惊蛰是什么吗？在这个节气里气候有哪些特征呢？在我们身边又有哪些关于惊蛰的变化呢？我们可以开展哪些有趣的传统民俗活动呢？请你画一画，并请爸爸妈妈用优美的语言记录下来。	惊蛰至，春日醒。在春天里你又有了哪些有趣的发现呢？是关于小动物还是关于植物，又或者关于我们自己的呢？我们身边有哪些美好的事情正在发生呢？也请你画一画，并请爸爸妈妈用优美的语言记录下来。

（郦丽珍撰写）

活动方案十：

大自然的秘密（春游篇）

一、活动的起源

大地回春、万物复苏、百花齐放。告别了冬天的萧瑟和清冷，孩子们急需到户外去享受温暖的阳光，沐浴和煦的春风。春游不仅能开阔儿童的视野，增长知识，还能增进师幼间的情感。

根据《指南》中教育目标、教育建议的指导开展春游活动，让幼儿带着小任务寻找春天，看一看、摸一摸、闻一闻、问一问、画一画，以不同的方式方法呈现幼儿所获得的生活经验，更好地促进幼儿全方位的发展。

二、我们的准备

（一）幼儿园准备

1. 各年级组长勘察活动场地环境，确定活动路线。

2. 教师与家委会成员协商，邀请两至三名家长协助班级老师开展活动、拍照、进行幼儿安全保护等。

3. 教师利用晨圈时间与幼儿探讨春游的安全事项、小任务的具体操作方法等。

4. 提前一天告知家长春游的具体事宜，请家长给幼儿穿戴合适的衣服、鞋子，准备纸巾、背包等物品。

5. 保育老师准备好消毒纸巾、餐巾纸、饮用水、野餐垫、垃圾袋等等物品。

（二）家庭准备

1. 和幼儿共同准备好春游必需的物品，如小背包、小水壶、口罩、遮阳帽、湿巾纸、垃圾袋等。

2. 给幼儿穿戴便于活动的衣物和鞋子，鞋子大小、软硬要适中，尽量不要穿系鞋带的。

3. 配合老师对幼儿进行安全教育，教育幼儿活动时要紧跟老师和家长，一旦走散，要停留在原地，不要到处走动，更不能跟陌生人离开。

4. 春游当天紧急联系人的电话要保持通畅。

（三）教师准备

1. 各班教师和家长沟通了解每家参与的人数，并做好统计。

2. 教师利用晨圈时间与幼儿探讨春游的安全事项、小任务的具体操作方法。

3. 提前告知家长春游的具体事宜，请家长给幼儿穿戴合适的衣服、鞋子，准备纸巾、背包等物品。

4. 保育老师准备好消毒纸巾、餐巾纸、垃圾袋等物品。

5. 根据幼儿年龄段准备游戏材料或任务卡。如带幼儿走进户外仰望天空，收集各种形状的叶子；幼儿带上操作工具，描绘春天叶片的不同形状；说一说自己的发现，用画画的方式记录下自己发现的可爱的、奇怪的、好玩的树叶。

6. 各班教师要提前做好活动前的安全教育与计划，抓住机会对幼儿进行认识大自然和热爱大自然的教育，要求孩子注意环保，自备塑料袋，不乱扔垃圾，不攀爬树木，不摘花草。老师要有序地组织，分组带领幼儿游玩，提高孩子的自我保护意识和判断能力。

7. 活动前对幼儿进行外出专项安全教育、园外活动安全教育、交通安全教育、园内外环保教育等。要求孩子始终在教师家长的视线范围内活动，确保本次活动的安全。

三、温馨小贴士

1. 保育老师携带医药箱，医药箱内准备好碘伏、棉签、纱布、胶带、酒精棉、创可贴、镊子、风油精等物品。

2. 不允许中途擅自离开，遵循“一起出发，一起回来”的原则，所有人再到了幼儿园后，方可离开。

3. 活动当天各班教师对幼儿进行二次晨检，家长戴口罩入园到班签到，教师清点人数后集中坐车。到达目的地后，由各班教师和家长各自组织幼儿进行活动。

4. 活动结束后返园，各班教师清点人数，确保不遗漏每个孩子和家长，通知未参加活动的家长来园接孩子，保育老师清理物品、打扫卫生。

5. 活动中请保持活动场所的卫生、清洁，不随地大小便、不随便乱扔垃圾。

四、附件

图 1　寻找春天的颜色

图 2　野外写生

图 3　自然物拼搭

图 4　自然影集

各班活动任务卡

班级	任务内容	具体实施细节
小（1）班	春天的色彩	提供色卡，幼儿根据色卡寻找春天的颜色，并进行记录。
小（2）班	花环	孩子进行分组，带着准备好的花环，去大自然找花花草草装饰花环。
小（3）班	收集春色	寻找收集有春天特色的物品，如树叶、花朵等，压在书本中，制成书签或标本。
小（4）班	春天的树叶	幼儿走进户外仰望天空，收集各种形状的叶子；带上操作工具，描绘春天叶片的不同形状；说一说自己的发现，用画画的方式记录下自己发现的可爱的、奇怪的、好玩的树叶。
小（5）班	春天在哪里	1. 在小（动物的新衣服里：寻找春天的事物，为小（动物换上春天的新衣服。 2. 在小（朋友的眼睛里：提供不同图案卡片，鼓励幼儿寻找自己眼中的春天。
小（6）班	找春天	1. 通过组织幼儿外出活动，真正让幼儿走进大自然，开阔孩子们的眼界，培养幼儿间的交往、互助、合作、分享、独立能力，让幼儿感受春天的变化。 2. 找春天不同的树叶，然后放在白布上压出树叶的造型，最后做成花布。
小（7）班	春姑娘的花裙子	1. 每个人找到一种春天的花并与它合影。 2. 每个人收集不同颜色的三种花瓣带回来。 3 创意拼贴花，用收集来的花瓣给春姑娘装饰一下，变成花裙子。
小（8）班	我和春天捉迷藏	每个幼儿分发一张有关春天景物的任务卡，要求幼儿在户外找到相应的景物拍照打卡。鼓励幼儿向同伴介绍自己需要找的是什么景物，是如何找的。
中（1）班	安安家的花	由安安制作路线图，其他小（朋友分组后，根据安安制作的路线图找到安安的家，和安安家的花打卡。
中（2）班	春日里的花	1. 提供任务卡：寻找各种各样的花，并画下来；观察寻找到的花瓣，并记录数量。 2. 带一本书，将掉落的花和树叶夹在书里做成标本。
中（3）班	不一样的房子	1. 观察 X 广场沿途的各种房屋，并拍照。 2. 找一找房屋间相同和不同的地方，并进行记录。 3. 在建构区建构自己找到的房子。
中（4）班	我和大树抱一抱	1. 寻找不同的树木。 2. 通过多种方式进行测量活动，并记录。

续表

班级	任务内容	具体实施细节
中（5）班	神奇的叶子	1. 幼儿自由寻找不同颜色、形状的叶子，比一比谁找的颜色最多，谁找的叶子最大，谁找的叶子最长。 2. 利用叶子、石头现场开展拓印画，给自己的包包拓印上好看的叶子形状。
中（6）班	寻景	提供 X 广场的建筑、花、草等多种景色照片，打印出来剪成不规则状，当天带着卡片以小（组为单位去寻找卡片上相应的景色，找到了就打上勾。
中（7）班	花瓣	1. 找花瓣，制作花瓣作品。 2. 留春，用相框找寻春天喜欢的景色并合影。
中（8）班	春日奇缘	1. 在春游的旅途中，发现春天的景色、春日气息、春天的动物、途中的行人，记录春游当中有趣的事情。 2. 提供春日色彩的任务卡，收集春天的各类小（花小（草或者各种事物的颜色，收集成功后再集中交流分享。
中（9）班	寻找蜗牛	1. 寻找春天，在大自然中去探索、找寻植物的颜色；收集大自然的回馈，感受春天的气息。 2. 蜗牛大搜索：探索蜗牛的生长环境，初步了解蜗牛喜欢湿润的环境。

（東云霞撰写）

活动方案十一：

我想上小学

一、活动的起源

又是一年毕业季，大班孩子即将步入全新的小学生活。爸爸妈妈谈论中的“小学”让孩子们充满好奇；回家路上背着书包、戴着红领巾的哥哥姐姐让孩子们心生羡慕；小学操场上奔跑嬉戏的小学生们让孩子们充满向往。

对于入学准备阶段的幼儿，准备过程中的实际体验、适应过程中的亲身感知尤为重要。以幼儿兴趣和问题为驱动，创设丰富的体验环境，在多元的入学准备活动和日常生活的点点滴滴中，支持孩子通过观察、感知、体验、交流获得关于小学生活的直接经验，产生做小学生的自豪感，激发其对小学生活的向往，形成良好的行为习惯和生活礼仪。这些来自角色、行为、活动方式的“全方位准备”，将有助于孩子在新的学习阶段获得幸福的生命体验。

二、我们的准备

（一）幼儿园准备

1. 在园内设置幼小衔接馆，提供课桌椅、讲台、黑板等，为孩子们营造一种小学课堂的氛围，产生对小学的向往之情。

2. 邀请小学的专家、校长或教师来到幼儿园，与家长、幼儿园老师们一起沟通学习，为幼小衔接共同寻找更好的应对措施。

3. 在充分保证幼儿自主游戏时间的前提下，大班下学期适当延长单次集体活动的时间，适当减少午睡时间。

（二）家庭准备

1. 要创设利于学习的环境。在家里为孩子创设一个学习的小角落，备有写字台、书架、玩具架等，以摆放游戏和学习用品，使之成为孩子学习的主要场所。学习与游戏的用品要随孩子年龄的增长不断变换。井然有序的物品摆放和独处的空间，可以使孩子处于自然、放松的状态，养成良好的学习习惯。还要准备一个时钟，让孩子养成在规定的时间内完成活动内容的习惯。

2. 保持和睦的家庭氛围。家庭成员之间互尊互爱、互帮互助的良好氛围，会使孩子心情愉快，从而形成兴趣高涨、精力旺盛的良好学习状态。

3. 制订合理的作息时间，让孩子的作息时间逐渐与入学要求靠近，每天早睡早起，有固定的学习与游戏时间。

4. 准备合适的学习用品，如书包、铅笔盒、水杯等。

5. 帮助孩子养成良好的生活、学习习惯和自理能力。作为家长，在平时的日常生活中，不要溺爱孩子、什么事情都替他们打理好，要让孩子做一些力所能及的事情，自己穿衣、系鞋带、如厕，自己的玩具、学习用品自己收拾好。生活中遇到的一些困难，家长们也不要急着帮孩子解决，先引导他们，然后让他们自己想办法去解决，这是培养孩子独立性非常重要的环节。

6. 激发孩子对成长的自豪。家长要利用节假日多带孩子外出，共同讨论有趣的事物与现象，激发孩子认识世界的好奇心与求知欲，从而萌发对入学的兴趣。家长本身要以积极的态度去感染孩子，正确帮助孩子了解小学生的生活，不能用上学来恐吓孩子，诸如“你开心不了几天了，到了小学有你受的”“等到小学给你上紧箍咒”等话语，以免孩子因为态度和情感问题产生入学障碍，从而产生冷漠、紧张、惧怕等消极情绪。父母不能光以“上学可以背书包、戴红领巾”等表面现象吸引孩子，还要通过参观小学，与小学生交谈，激发孩子做一名小学生的愿望和好奇心，从而形成正确的入学动机和学习态度。

（三）教师准备

身心准备：

1. 帮助幼儿建立积极的入学期待。如：组织幼儿讨论、分享对小学的认识、期待和担心，通过同伴的交流和老师的针对性引导，强化入学期待，缓解入学焦虑。

2. 帮助幼儿初步了解小学生活。大班下学期，通过参观小学、与小学生面对面交流、体验小学课堂等方式，帮助幼儿初步了解小学的学习生活。

3. 帮助幼儿获得积极的情绪体验。成人经常保持良好的情绪状态，感染和影响幼儿。以欣赏、接纳的态度对待幼儿，对幼儿的合理需求给予及时、有效的回应。

4. 帮助幼儿学会恰当表达和调控情绪。选择能给幼儿带来情绪情感体验的故事、角色扮演等活动，引导幼儿恰当表达消极情绪，学习积极应对和化解的方法。如：发现幼儿不高兴时，接纳他（她）的消极情绪，在他（她）平静后主动、耐心地听他（她）讲述不开心的事情和原因。

5. 鼓励幼儿积极参加户外活动。充分保证幼儿每天的户外游戏和体育活动时间，提供方便、灵活多样的体育活动材料，开展多种形式的游戏和体育活动。

6. 发展大肌肉动作。根据大班幼儿运动能力发展特点和个体差异，适当增加运动量和运动强度，提高动作的协调性和灵活性，增强力量，提高耐力。

7. 锻炼精细动作。在日常生活和游戏中鼓励幼儿学会正确、熟练地扣扣子、系鞋带、使用筷子；提供画笔、剪刀、小型积塑等工具和材料，支持幼儿进行画、剪、折、撕、粘、拼等各种活动，锻炼手部小肌肉动作。

生活准备：

1. 帮助幼儿养成良好的卫生习惯。教师在日常生活中注重引导幼儿养成自觉洗手的习惯。不在光线过强或过暗的环境中读、写、画。连续使用电脑、手机等电子产品的时间不超过 15 分钟。

2. 指导幼儿做好个人生活管理。大班下学期，适当减少一日生活中的统一安排，帮助幼儿逐步学会根据自己的需要喝水、如厕，根据天气变化和活动需要增减衣物。

3. 引导幼儿学会分类整理和存放个人物品。指导幼儿逐步学会分类整理和收纳衣物、图书、玩具、学习用品等。

4. 引导幼儿逐步树立时间观念。通过多种方式，引导幼儿在日常生活和游戏中感受时间，学会按时作息，养成守时、不拖沓的好习惯。

5. 增强幼儿自我保护的意识和能力。关注幼儿自我保护意识和能力发展的个体差异，引导幼儿了解校园、社区、交通等环境中的安全要求，学会保护自己。如：在陌生环境中，学会注意设备设施、人群聚集等情况带来的不安全因素。

6. 指导幼儿学会求救的方法。指导幼儿在遇到危险时，能提供必要的信息，选择有效的求助方法。如：知道向成人求助或拨打求救电话。

7. 引导幼儿承担适当的劳动任务。和幼儿一起制订班级劳动计划，鼓励幼儿自主确定任务分工并有计划地完成。教师要关注他们完成任务的情况，及时予以鼓励和指导。

8. 鼓励幼儿参与力所能及的劳动。与幼儿一同设置值日生工作安排表，如摆放碗筷、餐后整理餐桌、扫地、照顾自然角等，并指导他们学习正确的方法。

4. 引导幼儿尊重身边的劳动者，珍惜劳动成果。帮助幼儿了解父母及老师、食堂厨师、幼儿园保安等人的工作特点，讨论他们付出的劳动给自己带来的服务和便利，学会尊重和珍惜他人的劳动成果。

社会准备：

1. 扩展幼儿的交往范围。鼓励幼儿和不同年龄的伙伴、成人交往，认识新伙伴。如：组织跨班级、跨年龄的游戏活动，创设自由交往的机会，丰富交往经验。

2. 丰富幼儿分工合作的经验。提供材料、创设条件，引导和支持幼儿合作开展活动，体验合作的重要性。鼓励幼儿认真倾听同伴的想法和建议，当意见不一致时说明理由，学习协商解决问题，达成一致。同伴遇到困难时，鼓励幼儿提供力所能及的帮助。遇到冲突时，指导幼儿尝试用协商、交换、轮流、合作等方法解决，不争抢，不欺负同伴。

3. 营造宽容接纳的师幼交往氛围。用尊重、接纳的态度与幼儿交流，鼓励他们表达自己的想法和需求，不用对错简单评价，肯定积极想法，满足合理需求。

4. 增强幼儿的规则意识，提高自觉守规的能力。在日常生活和游戏中培养规则意识，引导幼儿与同伴讨论制定游戏、班级活动规则并自觉遵守。大班下学期，指导幼儿遵守集体活动的基本规则，做到举手提问、轮流发言，别人讲话时认真倾听、不随意打断等等。

5. 培养诚实守信的品质。对幼儿诚实和守信的行为及时予以肯定。发现幼儿说谎、说话不算数时不要简单批评和惩罚，要耐心了解原因，积极引导，帮助幼儿做到知错就改。

6. 强化任务意识。大班下学期，有意识地布置一些与入学准备相关的任务，如：准备明天要带的玩具材料和学习用品，每天自己整理小书包等，为适应小学生活做准备。

7. 培养独立完成任务的能力。成人要创造条件，通过持续性的任务安排，鼓励、支持幼儿独立完成任务。教师不宜将任务直接布置给家长。

8. 培养集体荣誉感。营造温暖的集体氛围，创造条件和机会，鼓励、支持幼儿为班级和幼儿园的集体活动定计划、做准备并积极参与。如：和幼儿共同策划，开展节庆、参观、运动会、主题游戏等多种活动，帮助他们在参与活动的同时体验成就感、荣誉感。

9. 激发爱家乡、爱祖国的情感。以生动有趣的形式开展爱家乡、爱祖国的教育，如：参观博物馆、科技馆等当地文化场馆，帮助幼儿感受与体验家乡和祖国的发展变化；鼓励幼儿结合节假日外出旅行等经历，分享自己家乡的风景名胜、风物人情、特色美食等；结合升旗活动，向幼儿介绍国旗、国歌。

学习准备：

1. 保护幼儿的好奇心和主动性。接纳、鼓励幼儿对新事物的观察、提问等探究行为，避免简单打断或否定幼儿的奇思妙想。如：把幼儿有浓厚兴趣的问题作为集体讨论的话题，鼓励幼儿分享自己的发现和观点，支持他们进一步的探究想法和行动。

2. 支持幼儿持续的探究行为。分析幼儿在探究活动中可能获得的发展，提供充足的时间、丰富的材料支持幼儿持续、深入进行探究，寻找问题的答案。

3. 支持幼儿专注持续地完成任务。大班下学期，有意识地增加需要一定专注力和坚持性才能完成的游戏和活动，保证幼儿有充足的活动时间能够专注地完成任务。对需要多次探索的活动，要提供足够的时间和空间，鼓励支持幼儿持续完成，避免因活动频繁转换干扰幼儿专注做事。

4. 鼓励幼儿独立思考。为幼儿提供充分的时间思考、讨论和表达自己的观点，接纳幼儿不同的想法。鼓励幼儿积极补充同伴的观点，并说明理由；对别人的观点有不同意见时，敢于大胆提出质疑并陈述自己的观点。

5. 引导幼儿有计划地做事。在一日活动开始前向幼儿介绍当天的活动安排，鼓励他们说一说自己的活动计划，和幼儿一起回顾他们的计划和完成情况，分析原因并调整。鼓励幼儿尝试有计划地安排自己的活动，如尝试安排周末的活动或日程安排。

6. 为幼儿提供广泛接触自然和社会的机会。经常带领幼儿接触大自然，参加一些有意义的活动，帮助幼儿开拓视野，积累丰富的感性经验，培养广泛的兴趣。

7. 培养幼儿的倾听和表达能力。组织幼儿围绕生活和游戏中感兴趣的事情进行讨论，分享自己的发现以及探究的过程、方法。教师应给予充分的时间，鼓励和引导幼儿表达，接纳幼儿不同的想法，不轻易打断幼儿讲话。对注意力不集中或不持久的幼儿，通过适当的方式吸引他们参与到活动中来。鼓励幼儿听不懂时要主动提问，对幼儿的提问及时予以回应。坚持每天和幼儿聊一聊、说一说今天做的事情或看过的书等，帮助幼儿学习按照一定的顺序、比较完整地进行讲述。

8. 培养幼儿的阅读兴趣和能力。根据幼儿的阅读兴趣和活动需要提供和更换图画书，并给予幼儿充足的阅读时间。鼓励幼儿自主阅读，保护他们对符号、文字的兴趣和敏感性。经常和幼儿一起讨论书中内容，加深他们的阅读兴趣和理解，鼓励幼儿根据情节、图书画面对故事结果进行预测或续编、创编故事；通过绘画、手工、搭建、表演等方式再现故事情节、人物关系，促进幼儿语言、情感、社会性等多方面的发展。

9. 保护幼儿的“前书写”兴趣。大班下学期，教师有意识地运用文字和符号辅助幼儿记录和总结游戏的过程和产生的想法，让幼儿感受文字符号在日常生活中的功能和意义。如：鼓励幼儿用图画、符号、文字等方式为自己的活动区、生活活动设施等制作标识，记录游戏的过程、故事情节、愿望等。

10. 做好必要的书写准备。养成幼儿自己扣纽扣、系鞋带的习惯，锻炼手部精细动作，促进手眼协调。在绘画拼图等活动中认识上下、左右等方位，通过“跳房子”“给小动物找家”等游戏，帮助幼儿认识田字格的结构。不宜要求幼儿提前学写字，幼儿有自发书写行为时，可以示范正确的书写姿势，帮助幼儿学习由上至下、由左至右的运笔技能，但不宜进行机械训练，也不宜简单评判写得对不对、好不好，重在保护幼儿写画的兴趣。

11. 引导幼儿尝试用数学的方法解决日常生活中的问题。发现和学习解决生活中和数学有关的问题，如通过统计每天出勤人数、测量记录身高和体重的变化、自主管理进餐和睡眠时间等方式，帮助幼儿体验运用数学方法解决问题的乐趣。

三、温馨小贴士

1. 幼儿园老师可以与小学老师座谈，了解历届幼儿升小学后存在的突出问题及幼儿园需要进行幼小衔接的问题，并及时调整自己的教学策略。

2. 一日生活中开展有针对性的、丰富多样的、生动有趣的幼小衔接活动，帮助每一位幼儿在身体、情感、习惯、能力等方面做好入学准备。

3. 传播正确的幼小衔接价值取向，引导家长建立对幼儿学习与发展的合理期望，掌握符合幼儿个性特点的教育方法，为幼儿营造轻松愉快、积极向上的成长环境。

4. 明确幼小衔接是长期性而非一时性的活动。首先，从小班入园开始就要关注幼儿个体以及在班级群体中情绪情感、习惯能力的培养。其次，大班一年中，教师要有意识地在各类活动的实施中渗透文明习惯、情绪管理、自我保护、规则意识、任务意识、时间观念、社会交往等内容，支持幼儿循序渐进地适应小学生活，习得学习的各种能力与习惯。最后，在大班末期，教师可以有针对性地组织主题活动，激发幼儿主动、积极、自信的入学态度。

5. 了解小学低年级的教育特点。教师要把握幼儿园和小学在课程设置、授课方式、作息安排等方面的差异，知道小学生活、教育的一些基本要求，关注幼儿的坐姿、用眼卫生等。

四、附件

图 1 参观小学

图 2 模拟小学教室

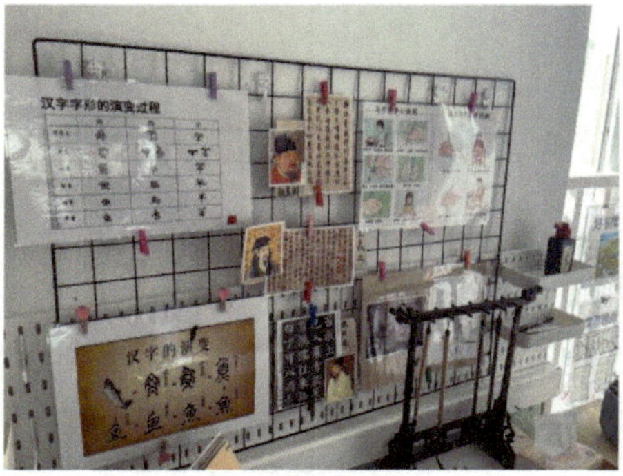

图 3　感受汉字

图 4　整理书包

调查问卷：时间管理

班级____________　　　　姓名____________

结合大班幼儿的年龄特征，为了帮助幼儿建立良好的时间观念和任务意识，形成做事有计划、遵守时间不拖拉的好习惯，我班将开展关于“时间管理”的班本主题活动，期待您和孩子共同完成这份问卷哦！

1. 关于时间管理我知道……（图文结合）	
2. 如果给我 × 时间（如 1 分钟、5 分钟、10 分钟、1 个小时等等），我想做……（图文结合）	

关于小学，我想知道

班级____________　　　　姓名____________

马上要去参观小学啦！对于小学你有哪些问题想要了解，想采访谁呢？

采访的人	我的问题

（夏莉撰写）

活动方案十二：

劳动最快乐

一、活动的起源

五月，和着春潮，伴着夏韵；五月，迎着柔风，品着芬芳；五月，浸润汗水，承载希望。“五一”劳动节是为了纪念工人运动而产生的，是世界上80多个国家的共同节日，也是所有劳动者的节日，是在幼儿周围工作着的、劳动着的爸爸妈妈、叔叔阿姨、爷爷奶奶们的节日。

又是一年“五一”劳动节，为了让幼儿对“五一”劳动节有更深刻的认识，引导幼儿认识周围的劳动人民，萌发热爱劳动人民的情感，珍惜劳动人民的成果，我们在这一天一起用童心抒写着对于节日的独特体验和对于节日精神的别样领悟……

二、我们的准备

（一）幼儿园准备

1. 幼儿园做好环境的清洁和整理，以整洁的环境迎接“五一”的到来。

2. 大门或者大厅悬挂“五一”的标语，陈列“五一”的幼儿绘画、手工作品等，用纱幔、气球等营造氛围，在楼梯旁张贴幼儿劳动的精彩瞬间、劳动节小旗等。

3. 各班可以根据本班特点进行个性化的布置，如“五一”劳动节的展板、区域展板中的劳动掠影、鲜花、装饰彩灯等。

（二）家庭准备

1. 和幼儿一起寻找和了解各种不同职业的劳动者，对他们进行采访和谈话，感知他们工作的辛苦和不易，珍惜他们为自己带来的劳动成果。

2. 放手让幼儿在家中做自己力所能及的事，鼓励幼儿形成自我服务、热爱劳动的良好习惯和品质。

3. 和幼儿一起制作精美的节日礼物，可以是一封信、一幅画、一个暖心的视频等，以此来表达幼儿对于劳动者的感谢之情。

4. 给幼儿讲述劳动者的故事，帮助幼儿了解各行各业劳动者对社会的贡献，引导孩子感受辛勤劳动的光荣，懂得尊重劳动者和珍惜劳动成果。

（三）教师准备

活动材料准备：

1. 规整区域内的游戏材料，给幼儿创设一个整洁、温馨的环境，让幼儿感受到劳动成果所带来的美好。

2. 以各年龄段幼儿的发展规律为依据准备游戏和活动的材料，提供劳动体验的操作材料。如小班提供“劳动操作板”，中班可以准备值日生牌、劳动工具、废旧材料、衣服式样底板，大班可以准备书包收纳、“各行各业的人们”自制图书的相关材料。

3. 班级的家园栏增添有关幼儿劳动的照片以及关于劳动节的由来和意义的宣传内容，达到家园共育的目的。四季桌可适当添加关于劳动节的元素，如劳动节的绘本、与绘本相关的劳动节装饰物等。既要符合幼儿的发展水平和特点，同时又能体现本班幼儿的个性特点。

三、温馨小贴士

1. 通过晨间谈话、一日生活环节进行有关“我会自己洗衣”“我会自己脱衣服”“我会自己吃饭”等话题的系列活动，重点让小班幼儿在日常的劳动中学会生活的自理能力，逐步培养他们的劳动意识。

2. 通过“我身边的劳动”这一主题开展“我会自己叠被子”“我会自己穿衣服”“我会自己叠衣服”“我能自己擦椅子”“我会扫地”等活动，以强化中班幼儿的自理能力和热爱劳动的品质。除此之外，在“我是小小值日生”“我找到的劳动者”等活动中培养幼儿为集体服务的意识以及对于各行各业劳动者的了解和尊重。

3. 以“我的劳动我做主”为主题，在“我的劳动计划”活动中引导幼儿通过记录表的方式自我规划、自我安排，同时加以实践，切身感受劳动所带来的无穷能量。同时，通过“书包的收纳”活动培养幼儿形成自主整理、分类收纳的好习惯，为进入小学做好铺垫。

4. 活动结束后可以和家长进行沟通，将活动的氛围延续到家中，让家长周末对孩子的劳动进行评价。每周一班级评选出“家务劳动之星”，实现家园共育。

四、附件

图 1　开展力所能及的劳动活动（组图）

图 3　幼儿在园体验值日生

图 4　向劳动者赠送礼物

大班调查表：人们的职业

班级____________　　　　　　　　　　姓名____________

你知道有哪些不同的职业吗？请利用周六、周日的时间开展调查活动，问一问、记一记。你调查了谁？他（她）是做什么工作的？

调查对象	他（她）的职业是什么

（杭天瑜撰写）

活动方案十三：

我的“六一”我做主

一、活动的起源

六月绿意浓郁、鲜花烂漫，是一个热情奔放、青春沸腾的季节。经过时间的洗礼，这颗“长着翅膀的种子”在悄然长大。他们懂得了“我就是我”；他们有了自己的思考；他们有了自己的判断和决定。

这是一个特别的日子，一个只属于我的日子，家里的父母、身边亲戚长辈、可爱的伙伴都在为我庆祝、为我欢呼。我长大了，就在今年的这一天。你发现了吗？去年的“六一”我还在跌跌撞撞地奔跑；还在学习怎样说一句完整的、清晰的话语；还在憧憬着我长大的样子。再看今年的“六一”，我就要尽情地飞奔在成长的彩虹道上，就要向全世界宣布我会读歌谣、唱国歌，就要成为我希望的样子……

看着孩子们每天的成长、变化，我们更应该在物质上、精神上给予他们无条件的支持和帮助。未来是你们的，就由你们做主！

二、我们的准备

（一）幼儿园准备

1. 幼儿园做好迎接“六一”活动的清理、清洁等工作，确保安全卫生、环境整洁。

2. 大门或大厅布置迎“六一”的环境，以签到墙、气球拱门、卡通人物、纱幔、花朵、水果等营造氛围、烘托气氛，为幼儿的“六一”做好全方位的支持。

3. 各班可以做个性化的主题布置，如“爱莎公主”“白雪公主”“赛车手”“葫芦娃”等，根据幼儿的兴趣点进行“六一”活动庆祝。

4. 各年级组可以布置大型主题会场，如美食派对、绘本小屋、搞怪装扮、工程师的较量等，给予幼儿自由发挥的舞台。

（二）家庭准备

1. 和幼儿一起讨论关于“六一”儿童节的由来，通过倾听、对话，锻炼幼儿的共情能力。

2. 和幼儿共同准备欢庆“六一”的各种物品：娃娃、水彩笔、祝福卡片、角色扮演服装、道具、绘本书等。

3. 和孩子一起做“一件最想做的事”：看一场电影、爬一次山、炒一盘番茄鸡蛋、和父母做一次角色交换等。让孩子在实践中体会无条件被爱、被接纳、被欣赏的感觉。

（三）教师准备

活动材料准备：

1. 整理具有各班特色主题的物品，营造“六一”的氛围，做到温馨、舒适、整洁。

2. 根据幼儿年龄段准备各班游戏材料。例如：大班制作“六一”祝福卡的各种书写、绘画材料；中班准备绘本小屋需要的绘本书籍、玩偶伴读、灯光小帐篷；小班准备角色扮演的材料（相亲相爱好姐妹“爱莎公主”、故事歌谣“妈妈宝宝说晚安”）。

3. 年级组户外活动准备活动方案、场地安排、协助人员、各班区域负责人、拍摄人员。活动流程：开场舞（游戏）、幼儿自由选择区域进行庆祝、结束语。

与幼儿连线：

1. 后期反馈：幼儿表达，教师观察记录，活动精彩瞬间，成果展示。

2. 教师把活动中的精彩瞬间制作成视频、短片播放给幼儿，配上或优美、或灵动、或搞怪的音乐让幼儿重温“六一”的喜悦。

3. 以自然场景拍摄视频的方式让幼儿自由地谈一谈“六一”活动后的感受或者自己最喜欢的环节是什么，以及对“未来的六一”的期许。

三、温馨小贴士

1. 5月中下旬教师就可以带着“六一”的话题开展小讨论了：你知道“六一”

儿童节吗？“六一”儿童节的时候都会有哪些有趣的事情发生呢？你想过“六一”吗？你的“六一”想怎么过？带着对“六一”的甜蜜的期望，会让孩子们每一天都很快乐、美好。

2. 可以和家长沟通，在家里也做一些关于“六一”的探索：“六一”的来源、“六一”的故事、爸爸妈妈的“六一”、爷爷奶奶的“六一”等等。

3. 区域游戏时可以和孩子一起制作“祝福卡”、“惊喜小礼物”、装扮教室的手工作品、绘画作品，拍摄幼儿祝福语或“六一”心愿。

4. 可以做一次调查“我和爸爸妈妈过‘六一’”（以家长辅助记录的调查），帮助爸爸妈妈实现他们小时候没有实现的愿望。通过一次小小的帮助让孩子学会感恩、学会回报父母，被爱滋养，为爱付出。

四、附件

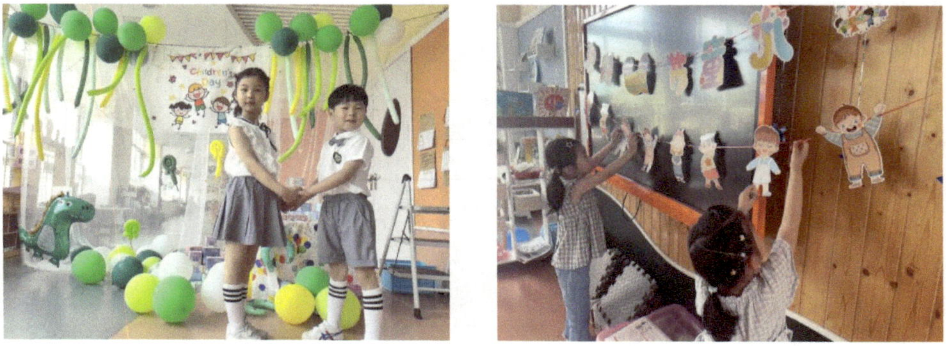

图1 幼儿自己装扮“六一”环境（组图）

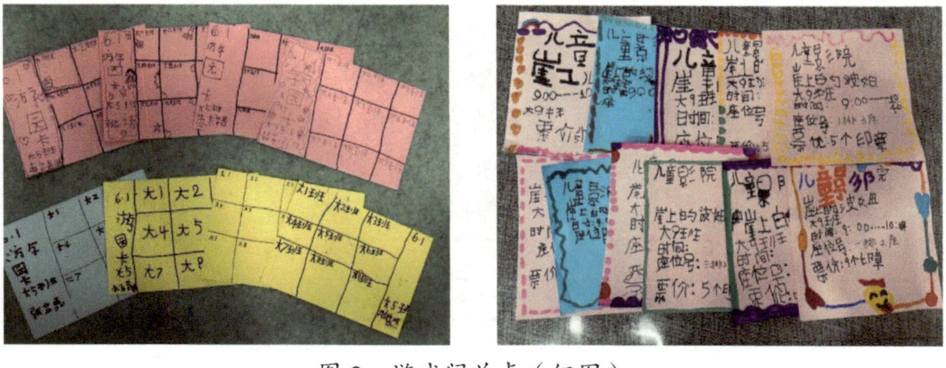

图2 游戏闯关卡（组图）

图 3　游戏区域设置（组图）

“我的‘六一’我做主”调查表

“六一”儿童节快到了，你想过一个怎样的“六一”儿童节？请你记录下来，并进行分享。

姓名＿＿＿＿＿＿　　　　班级＿＿＿＿＿＿

记录时间	观察倾听，简要记载	备注

亲爱的宝贝，你想怎样过“六一”？这样的“六一”节如何开展？快来说说你的想法吧！

＿＿＿＿＿＿＿＿＿＿＿＿＿＿＿＿＿＿＿＿＿＿＿＿＿＿＿＿＿＿

＿＿＿＿＿＿＿＿＿＿＿＿＿＿＿＿＿＿＿＿＿＿＿＿＿＿＿＿＿＿

＿＿＿＿＿＿＿＿＿＿＿＿＿＿＿＿＿＿＿＿＿＿＿＿＿＿＿＿＿＿

“大人们的‘六一’”调查表

大人们也有过“六一”吗？当然啦！那么，他们曾经的“六一”愿望是什么？他们的“六一”节是什么样的？他们开展哪些庆祝活动呢？

姓名＿＿＿＿＿＿　　　　班级＿＿＿＿＿＿

爸爸妈妈的“六一”	难忘的趣事
爷爷奶奶的“六一”	难忘的趣事

（胡潇撰写）

活动方案十四：

大班生日派对

一、活动的起源

花盛开，绿意浓，又是一年毕业季。大班里的每一个宝贝，都即将迈进小学。同时，也有部分孩子将迎来自己的生日，迈入人生中崭新的转折点。他们是早晨八九点钟的太阳，得日月雨露滋润，当有蓬勃茁壮的盎然生机。他们站在梦想开始的地方，得师长前辈们谆谆教诲，当有追逐梦想的磅礴勇气。在这个暖风醉人的日子里，我们将用心为大班的孩子们举办一场难忘的生日派对，在这里留下每一个最初的心愿与期许。

一桌，一椅，一树花开。蜡烛点燃的那一刻，也点燃了老师和孩子们最深最真的祝福，它们如荧荧之光，照亮孩子们未来的成长之路。愿芬芳夏日，记录下每一个健康成长的故事。愿孩子们前程锦绣，孜孜不倦，愿孩子们如娇艳的花朵，在往后的求学之路上徐徐绽放。

二、我们的准备

（一）幼儿园准备

1. 幼儿园做好迎接班级开展大型生日派对的清理、清洁等工作，确保安全卫生、环境整洁。

2. 在三楼天台提供遮阳棚、摄像机、音响以及装点心、水果的展示碟和展示架。

3. 各班可以做个性化的布置，如彩灯、展台、气球、照片、小鼓、水果等，迎接幼儿的到来。

（二）家庭准备

1. 和幼儿日常交流关于“生日派对和生日庆祝”的话题，以欢乐和鼓励的情绪激发幼儿庆生的喜悦。

2. 和幼儿共同准备好庆生的礼服、游戏材料、小礼物等。

（三）教师准备

活动材料准备：

1. 整理各区域的物品，营造“家庭派对”的氛围，做到温馨、舒适、欢乐。

2. 网购布置场地需要的气球、彩旗、小礼物；桌椅摆放到位，准备和幼儿共同布置场地（桌椅、帐篷）的材料；准备协助幼儿制作食品的辅助道具。

3. 准备好活动当天的游戏或节目环节需要的道具器材。

特邀嘉宾：

1. 作为特邀嘉宾的园长和普通老师准备好自己的致辞和要配合的活动任务。

2. 邀请有空的老师进行协助拍摄。

（四）幼儿准备

1. 学习制作蛋糕、蛋挞的流程；设计露台场地规划图；共同制定活动流程图；设计邀请函；提前准备心愿祝福卡、共同绘制拍照背景。

三、温馨小贴士

1. 可以在生日派对的前一个月就开始筹备相关的派对活动准备。可以在晨谈时和幼儿共同商讨场地的布置和道具的准备以及相关嘉宾人员的邀请；在下午的小组活动中，可以和幼儿共同学习制作点心。

2. 允许幼儿当天携带自己喜欢的物品入园，也可以在和父母沟通的前提下，允许幼儿将幼儿园的物品带回家去。无论是自己的还是幼儿园的玩具，在生日派对时，都允许幼儿带在身上进行拍照。

3. 在活动时注意提醒幼儿对每个环节形成情节记忆，方便在派对结束后加深印象。

四、附件

集体活动流程

一、生日仪式（请老师主持，第一环节全程录像）
1. 请每个孩子朗读自己提前做好的生日祝福卡片，把自己的祝福送给今天的小寿星。 2. 请小寿星们朗读自己的生日心愿卡。 3. 为小寿星们点上生日蜡烛，请小寿星吹蜡烛并许愿，其他小朋友共同演唱生日歌。（请两位老师放彩炮桶） 4. 请园长老师也送上自己的祝福给小寿星和其他的小朋友。 5. 请所有孩子们品尝生日小蛋糕。
二、在露台开展自由活动（10:00–11:00）
帐篷区：提供 2 ～ 3 顶帐篷、绘本、绘画工具供幼儿阅读、写生。 拍照区：提供气球背景板，供幼儿自由结伴拍照留念。 手工区：提供桌椅板凳、各种彩纸、工具、自然材料，供幼儿开展手工制作活动。 表演区：提供音乐、话筒、空灵鼓、乐器等材料，供幼儿自由表演、演奏。 桌面游戏区：提供桌子和多种桌面操作材料，供幼儿自由开展游戏。
三、下午活动（2:30–4:00）
1. 吸管传纸杯：幼儿十人为一组，两组同时开展，手持吸管依次传递纸杯，只可用吸管不可用身体其他部位接触，快的一组胜利。 2. 一圈到底：幼儿分为男生、女生组，手拉手形成一个大圈，用脚传递圈，不能让圈落地，不可用手触碰圈。 3. 吹纸条：固定一根麻绳，绳子上是对折的长方形纸片，请幼儿吹动纸片，最先把纸片吹下来的小朋友获胜。 4. 为每一位小朋友派发小奖品并合照留念。 5. 师幼合作收拾整理场地回班级。
四、话题分享：今天的活动和我的感受——我收获了什么？

图 1　搬运道具

图 2　布置会场

图 3　制作请帖

图 4　赠送请帖

图 5　主持派对

图 6　庆祝活动

图 7　生日合影

图 8　活动的记录

（王珏撰写）

活动方案十五：

毕业歌

一、活动的起源

相逢又告别，归帆又离岸，是往日欢乐的终结，也是未来幸福的开端。童年的时光是一段承载着许多快乐的纯真年代，也是许多人长大成人之后回头眷恋不已的寻梦园。

经过三年幼儿园的学习和生活，大班的幼儿即将告别老师和同伴，进入下一阶段的小学生活，幼儿园的老师、阿姨、小朋友们心中都有万分不舍。为了将这三年的美好永远留在心底，为了给孩子们一份成长的仪式感，在这离别的季节里，孩子们用“同唱一首歌”来表达这份浓浓的师生感情。

二、我们的准备

（一）幼儿园准备

1. 幼儿园提供一些装饰好的大盒子，可张贴幼儿三年来活动的精彩照片；收集幼儿三年来玩过的小玩具、幼儿成长档案等，以标语、卡通人物、纱幔、气球、花朵等营造氛围，引发幼儿的毕业离别之情。

2. 一日活动中，入园、离园歌曲播放毕业歌，激发幼儿学唱毕业歌的兴趣。

3. 幼儿园可以创设一面毕业画像墙或者毕业笑脸墙，供幼儿用颜料涂鸦。幼儿可以将自己或者同伴、老师的画像记录下来。

4. 举办“勇敢者之夜”体验活动，让孩子尝试独立，离开父母在幼儿园和好朋友一起度过奇妙的一夜。

（二）家庭准备

1. 和幼儿日常交流关于“我要毕业了”“幼儿园最好玩的事”“要上小学了”等话题，以珍惜的心情回忆幼儿园的点点滴滴，以期待的心情迎接小学生活。

2. 和幼儿共同准备好“勇敢者之夜”必需的物品，收集幼儿园生活三年中精彩的照片（春游、秋游、节日、生日、运动会等）。

3. 和幼儿共同制作“毕业纪念册”或“成长档案”，将幼儿园三年生活的精彩瞬间和成长感悟录制成电子档案留存。

（三）教师准备

活动及材料准备：

1. 收集、整理幼儿三年来的活动照片、作品等布置在墙面或活动区，营造即将毕业的氛围。

2. 利用晨圈、离园前集体活动时间，学唱毕业歌。

3. 计划墙、签到桌上可以提供距离毕业还有多少天的记录卡，让幼儿感知时间，珍惜时间。

4. 以视频的方式，请幼儿园的教师，保育员，小、中班的弟弟妹妹录制毕业祝福语，播放给幼儿看。

与幼儿连线：

1. 与幼儿谈论“幼儿园最喜欢的游戏”“我的好朋友”“毕业前的心愿”等话题，了解幼儿对于毕业的感受和想法。

2. 引导幼儿自己整理三年来的活动照片、作品、成长档案，用自己喜欢的方式装饰并布置在活动室。

3. 选择在喜欢的场所唱毕业歌，例如班级、多功能厅舞台上，或门厅、幼儿园户外任何一个地方。

三、温馨小贴士

1. 各个大班可利用拍摄毕业照的机会，统一幼儿服装，以个别、小组、集体等各种形式唱毕业歌；教师录制视频，制作成微电影。

2. 活动区、四季桌都可以提供“我要毕业了”“我要上小学了”等相关内容的绘本供幼儿阅读。

3. 与对应的小班、中班组织一次混龄半日活动，在活动中增进同伴之间的互动和友谊。

4. 小班幼儿可以开展“我为哥哥姐姐唱首歌”活动，中班幼儿可以制作毕业礼物赠送给大班幼儿，营造依依惜别、珍惜幼儿园生活的氛围。

5. 大班幼儿创作毕业自画像，作为毕业歌微视频中的内容。

6. 举办大班毕业典礼，邀请弟弟妹妹、爸爸妈妈来参加活动，签名、留言、拍照。

四、附件

图 1　毕业照（组图）

图 2　毕业典礼（组图）

图 3　毕业感想（组图）

图 4　环境讨论与创设（组图）

图 5　夜宿幼儿园（组图）

（张素英撰写）

活动方案十六：

我的假期计划

一、活动的起源

丰富多彩的幼儿园生活暂时告一段落了，孩子们感受了幼儿园的快乐生活，我们也见证了孩子成长路上的每一个“闪光点”。

为了让孩子度过一个愉快、安全、健康、有意义的假期，并在玩耍的同时获得丰富的体验，增强社会交往能力，以快乐的心情迎接上学日的到来，我们将和孩子一起合理安排好假期生活，劳逸结合，重视心理健康和身体健康。

二、我们的准备

（一）幼儿园准备

1. 幼儿园做好迎接假期的清理、清洁等工作，确保环境整洁。

2. 大门或大厅根据假日的特点分别布置“五一”假期、“十一”假期、夏天、冬天的环境，以各个节假日的特色物品等营造节假日的氛围。

3. 各班可以做个性化的布置，如彩灯、展台、气球、照片、小鼓、水果等，迎接假期的到来。

（二）家庭准备

1. 和幼儿日常交流关于“劳动”的话题，并准备好适合幼儿的劳动工具，以欣赏和鼓励的情绪鼓励幼儿在假期进行劳动活动。

2. 在假期即将结束时，与幼儿共同准备好入园必需的物品，如衣服、口罩、游戏材料、名字贴、照片等。

3. 在“五一”“十一”小长假以及暑、寒假期间保持良好的作息时间，鼓励幼儿自理能力的培养，并养成固定的道别方式。

4. 和孩子一起找一找新年的传统民俗，带孩子一起准备过年的物品，度过一次有意义的春节，鼓励孩子完成寒假的计划表打卡活动。中、大班孩子采用多种方式记录自己的每日活动和完成情况。

5. 带孩子发现冬天的季节特点，进行特色亲子活动，如堆雪人、打雪仗。

6. 带孩子尝试各种各样的消暑活动，并做好安全提醒、防护工作，保证孩子的安全。

（三）教师准备

活动材料准备：

1. 共同收集材料，布置劳动成果展览会，预备一些照片和视频。

2. 根据幼儿年龄段准备游戏材料，如提供关于“五一”劳动节、“十一”国庆节，寒、暑假的相关绘本。

3. 调整班级计划墙、家园栏、签到桌、四季桌的内容，做到符合年龄段特征和本班幼儿个性化的需求。

4. 预备一些劳动工具，鼓励幼儿进行各种各样的劳动。（“五一”劳动节）

5. 收集祖国的发展照片进行对比，窥古思今。准备国庆相关视频，准备各种材料拼地图供中、大班幼儿尝试。同时，组织中、大班幼儿观看阅兵仪式，并鼓励孩子进行感想表现活动。准备国旗、国徽、国歌音频、首都标志性建筑物图片等供小班幼儿了解。（“十一”国庆节）

与幼儿连线：

1. 寒、暑期快开始时，和幼儿进行一次讨论会，共同计划寒、暑假生活，告知幼儿假期开始的时间，鼓励幼儿收纳、整理自己的物品。

2. 结合谈话活动，让幼儿懂得劳动的辛苦，尊重他人的劳动。讲解常见的劳动技能，如擦桌子、扫地、叠被子、分餐点等。中、大班幼儿可以开展值日生活动，培养责任意识。

3. 组织孩子进行讨论活动，说一说假期的计划，鼓励小班孩子进行假期打卡活动，中、大班孩子进行假期计划表的绘制。

三、温馨小贴士

“五一”劳动节：

1. 小班幼儿可以进行有关“我会自己穿脱衣服”“我会自己吃饭”等系

列活动，让幼儿在日常的劳动中培养生活自理能力，逐步培养劳动意识。鼓励孩子在假期时进行捡垃圾的活动，保持周围生活环境的干净、整洁。

2. 中班幼儿可以开展“我会叠衣服”“我会扫地”等活动，提高幼儿自理能力。

3. 幼儿可以以个人、小组、班级的形式，利用假期在幼儿园内或者附近进行灌溉花草树木、除草等各种活动。

4. 鼓励中、大班幼儿制订假期家务劳动计划，请家长进行监督、记录。

“十一”国庆节：

1. 小班幼儿可以利用假期参加“听祖国妈妈的故事”“知道祖国妈妈的名字”等活动。

2. 中、大班幼儿可以利用假期时间，通过参观博物馆、查阅资料、实地参观等方式了解中国的名胜古迹和重要事物，萌发热爱祖国的情感。

3. 中、大班幼儿需要知道我国是多民族的大家庭，并采用多种方式了解各民族的传统文化，选择个性化的方式将最感兴趣的 1 ～ 2 个民族的特点记录下来。

寒假：

1. 小班幼儿可以进行“走进冬天，体验冬天”的活动，探索冰、霜、雪等典型的冬季自然现象，寻找抵御寒冷的办法；体验新年的民俗活动，贴福字、贴春联、吃元宵等；进行“简单的运动”“不挑食”等简单打卡活动。

2. 中班幼儿可以了解十二生肖的故事；进行家庭小调查，画一画冬日节气、新年愿望；欣赏各种民俗活动，拜早年；进行阅读绘本、创意美术等打卡、记录活动。

3. 大班幼儿可以进行寒假假期计划的制订，自己每天完成、记录；进行写福字、包饺子、画年画等民俗活动，帮助家里一起准备年夜饭。

暑假：

1. 小班幼儿可以初步了解暑假的天气——炎热、雷雨多，知道人们衣食住行的特点。感受夏天的温度，描绘夏天的色彩，发现积极健康的避暑驱热的方法。

2. 中班幼儿可以观察夏季的各种自然现象并进行记录，体验夏季的特点，了解动植物怎样适应夏天，知道人们度过夏季的方法。

4. 大班幼儿可以进行暑假假期计划的制订，自己每天完成、记录，还可以利用假期进行生活自理能力的练习，进行一些社会性活动，如带小额现金购买物品、旅游等。

四、附件

我的暑假计划

姓名____________　　　　　　班级____________

暑假计划	亲爱的小朋友，暑假来到了，你有哪些暑假计划？请爸爸妈妈帮你写下来吧！

新年畅想

姓名____________　　　　　　班级____________

新年畅想	亲爱的小朋友，新年来到了，你又要长大一岁了，你知道明年是什么年吗？你知道关于这个生肖的故事吗？长大一岁的你是几岁呢？请爸爸妈妈帮你把答案写下来吧！ 明年是____年，我明年____岁 我知道的生肖故事（幼儿讲述，请爸爸妈妈记录下来）

假期打卡记录

姓名____________　　　　　　班级____________

时间	我的打卡记录
第一天	
第二天	
第三天	
第四天	

（该表格可以用于各种假期，幼儿打卡记录自己每一天的活动，也可以每周记录一次，养成良好的习惯。）

（徐莹撰写）

结束语　美美的教育慢慢地走

教育是美的，

教育是慢的。

“每个孩子都是一粒长着翅膀的种子”，这是丹北实验幼儿园的教育理念，来自我们大班的孩子对园标的形象解读。种子代表着积极向上、朝气蓬勃的生命，代表着殷切的爱与希望，代表着未来的无限可能。每一粒种子都有着独特的成长密码，意味着每个孩子都富有个性、千人千面、与众不同，有自己独特的生长节律，有自己独特的学习方式。

每一天，我们都在孕育这粒种子。通过什么方式来孕育呢？当然是基于种子生长的需要，通过精心设计的、蕴含教育智慧的、有准备的环境来滋养和孕育。

立足于“自然”与“当下”，立足于儿童平凡、寻常的生活，用生活来完成“学习”。从环境到材料，从时间到空间，从入园到离园的每一个时段，从集体到小组、个别的每一种活动形式，用生活中的每一个基于儿童需要、儿童发展的理念和智慧而精心设计的细节，循着儿童自然发展的规律，去影响、浸润、支持儿童。

有时由儿童发起，有时由教师发起，但无论何种，都是以“儿童是积极主动的学习者”为前提，认可、尊重、接纳每一种探索和体验。儿童的一百种语言，需要成人给时间、给空间、给权利、给机会、给鼓励。

没有特别要撰写的课程故事，因为有时写着写着，儿童就不见了。

没有特别要布置的主题墙，因为时时是学习之刻、处处是学习之地。

没有脱离生活而刻意设计的集体教学，因为但凡不给时间的探索都是不走心的虚假形式。

没有刻意追求的深度学习，因为你以为的深度已经成了你的深度，没有了儿童的尺度。

只有带着目标用心准备的环境和材料，
只有揣着明白装糊涂的微笑鼓励，
只有发现问题、解决问题的交流分享，
只有以观察、发现、聆听为基础的一百种教育主张。

我在这里静静地看你，
看着你一会儿说，一会儿笑，
一会儿翻开书页全神贯注地阅读，
就像期待一朵圣洁的莲花即将绽放时怀揣的喜悦。

我的笔尖在纸上轻轻地划过，
郑重地记下了你说的话语、你的笑，
你阅读时专注的神情，
就像晨钟暮鼓中的圣徒般虔诚庄严。

我屏住呼吸，轻轻地退后，
生怕打扰你的倾诉、你的聆听、你的凝神，
就像不敢惊扰花蕊上静静栖息的那只蝴蝶。
（巡班时见老师观察幼儿的游戏有感，以小诗记之）

教师和儿童站在教育的两头，共同牵起教育的线。教师专业成长的速度，就是儿童发展的高度。他们的柔软与宁静，是儿童成长路上的保护。教育最美的时候，就是教师绽放自己的时刻，教师拥有温暖而坚定的力量，便可以引领儿童走向光明。

给教师和儿童的生命以自由，并在其中发现和助推生命的美好，就是教育最大的善。

（江苏省丹阳市丹北实验幼儿园　潘云霞）